마려치우기의 기술

때려치우기의 기술

초판 1쇄 발행 2022년 5월 13일

지은이 사와 마도카 / **옮긴이** 이효진

펴낸이 조기흠
기획이사 이홍 / **책임편집** 이한결 / **기획편집** 이수동, 최진
마케팅 정재훈, 박태규, 김선영, 홍태형, 배태욱, 임은희 / **제작** 박성우, 김정우
교정교열 신지영 / **디자인** studio forb

펴낸곳 한빛비즈(주) / **주소** 서울시 서대문구 연희로2길 62 4층
전화 02-325-5506 / **팩스** 02-326-1566
등록 2008년 1월 14일 제 25100-2017-000062호

ISBN 979-11-5784-582-8 03190

이 책에 대한 의견이나 오탈자 및 잘못된 내용에 대한 수정 정보는 한빛비즈의 홈페이지나
이메일(hanbitbiz@hanbit.co.kr)로 알려주십시오. 잘못된 책은 구입하신 서점에서 교환해드립니다.
책값은 뒤표지에 표시되어 있습니다.

⌂ hanbitbiz.com ⓕ facebook.com/hanbitbiz ◾ post.naver.com/hanbit_biz
▶ youtube.com/한빛비즈 ⓞ instagram.com/hanbitbiz

지금 하지 않으면 할 수 없는 일이 있습니다.
책으로 펴내고 싶은 아이디어나 원고를 메일(hanbitbiz@hanbit.co.kr)로 보내주세요.
한빛비즈는 여러분의 소중한 경험과 지식을 기다리고 있습니다.

버려치우기의 기술

행복하고 가벼운 삶을 위해 똑똑하게 손절합니다

사와 마도카 지음 | 이효진 옮김

HB 한빛비즈
Hanbit Biz, Inc.

인생은 한 번뿐, 내가 좋아하는 거 하며 살자!

　내 감정에 솔직하게, 단 한 번뿐인 인생을 더 의미 있게 살아가자. 하기 싫은 일, 무의미한 일, 내 인생에 도움이 되지 않는 일은 하나씩 때려치우며 남은 시간을 알차게 사용해야 한다. 내가 이 책에서 전하고 싶은 메시지다.

　끝이 보이지 않는 팬데믹 상황, 러시아와 우크라이나 전쟁 등 세계 각국에서는 어마어마한 일들이 잇따라 발생하고 있다. 그래서인지 많은 사람이 한 번 사는 인생을 어떻게 하면 후회 없이 즐길지 고민하지만 정작 실제 자기 삶에 적용해 살아가는 사람은 의외로 많지 않다.

왜 마음껏 즐기며 의미 있게 살아가기 어려운 것일까? 이는 우리 사회가 '옳다, 그르다', '좋다, 나쁘다'처럼 이분법적인 기준만 가지고 많은 일을 판단하기 때문이다. 이는 한국과 일본 모두 비슷하다.

'어른을 공경해야 한다'는 명제에 대해 생각해보자. 어른을 공경하는 일은 당연히 올바른 행동이다. 모두가 이에 동의하고 이 원칙을 따른다면 아무런 문제가 발생하지 않는다. 하지만 이 원칙에 수긍하지 못했음에도 그저 '다들 그래야 한다고 말하니까'라는 이유로 무작정 따르고 있다면? 이는 당신의 인생에 아무런 도움이 되지 않는다. 아무 생각 없이 다른 사람이 정한 기준에 무작정 따르는 것은 '진짜 내 삶'을 사는 것과는 거리가 먼 사고다.

내가 정한 기준에 따라 솔직하게 내 삶을 살아가는 것, 이것이 가장 중요하다. '옳다, 그르다'가 아니라 '내가 좋아하는가, 싫어하는가'를 판단의 기준으로 삼아야 한다. 이것이 바로 진짜 나의 삶을 사는 방법이고 내가 이 책에서 전하고 싶은 이야기다.

'좋아한다'는 감정과 기준은 나만의 것

그렇다면 왜 좋고 싫은 감정이 중요할까. 이 감정은 독립적이고 나만의 것이기 때문이다. 다른 사람과 같은 것을 좋아해도, 다른 것을 좋아해도 아무런 문제가 없다. 어떤 상황에서도 모순이 발생하지 않는다. 내가 좋아하는 것을 상대방이 싫어해도 그것을 좋아하는 나의 감정에는 아무런 영향을 주지 않는다. '내가 좋아하는 것을 너는 싫어하다니 용서할 수 없어'라고 생각하지 않는다. 그저 서로 취향이 다르다고 받아들일 뿐이다.

만약 회사나 학교, 국가와 같은 내가 속한 공동체가 '옳은가, 그른가' 등의 판단 기준을 강요한다 해도 일단 그것은 내버려 두고 내가 좋아하고 싫어하는 감정에 집중해야 한다. 바로 이것이 재미있고 의미 있는 삶을 살아가는 비법이다.

좋아하는 것을 좋아한다고 말하기
좋아하고 싫어하는 감정에 충실하기

이것이 가능해지면 분명 세상의 많은 문제에 대한 해결의

실마리가 보일 것이다. 좋고 싫은 감정에 솔직하게 귀를 기울이기만 해도 인생이 크게 바뀌기 시작한다. 그만큼 무언가를 좋아하거나 싫어하는 감정에는 힘이 있다.

좋아하는 일에도 책임이 따르는 법

다만 주의해야 할 점도 있다. 첫째, 내 감정에 솔직하게 살아간다고 하더라도 주변 사람들이 있는 그대로 받아들여주지 않을 수 있다. 나의 좋고 싫은 감정을 타인이 존중해주리라는 보장은 없기 때문이다. 실제로 좋아하고 싫어하는 감정은 반드시 표현해야 하는 것도 아니고 타인이 꼭 수용해야만 하는 것도 아니다. 이런 상황에 대해 어떤 사람은 내가 좋아하는 일을 타인이 인정해주지 않으면 내가 원하는 일을 하지 못한다고 생각하기도 한다.

예를 들어 좋아하는 가수의 콘서트에 가기 위해 휴가를 사용하는 상황을 생각해보자. 이때 상사가 그 가수를 좋아하는 나의 감정을 인정해 기꺼이 휴가 결재를 해줄 것인가 하는 문제가 발생할 수 있다. 하지만 분명한 점은 휴가를 승인

받기 위해 상사에게 가수를 좋아하는 마음을 인정받아야 할 이유는 없다는 것이다. 상사가 휴가를 승인하는 것과 그 가수를 좋아하는 나의 감정은 전혀 다른 문제다. 휴가는 노동자의 권리로 보장된 것이며 상사에게 나의 감정을 설득할 이유는 전혀 없다. 오히려 내가 휴가를 떠난 사이 업무 공백이 생기지 않는지가 더 중요한 문제다. 나의 감정은 독립적으로 존재하는 것일 뿐, 휴가를 제한하거나 승인할 이유가 될 수 없다.

이처럼 좋고 싫은 감정은 독립적이고 개인적이기 때문에 이를 주변 사람에게 강요하거나 떠밀 수 없다. 이것이 바로 두 번째 주의사항이다. 내가 파트너와 함께 여행하고 싶다고 생각한다고 해서 상대방도 나와 같은 마음이 들도록 조종할 수 없다. 좋아하고 싫어하는 감정은 독립적인 성격이기 때문에 마음대로 타인을 끌어들일 수 없다. 상대가 싫다는데 억지로 데리고 갈 수도 없는 노릇이며 타인을 바꾼다는 것 자체가 어불성설이다.

처음부터 나와 잘 맞는 사람, 즉 여러 가지 면에서 좋아하는 것을 공유할 수 있는 상대와 만나는 것이 심리적으로 더 편하게 느껴질 수 있다. 물론 어떤 사람과 '맞다, 맞지 않는다'라는 기준도 '옳고 그름'과는 완전히 다른 것이다.

모든 변화는 한 걸음씩

좋아하는 감정에 솔직해지다 보면 이를 방해하는 요소가 있다는 사실도 깨닫게 된다. 앞서 말했던 학교나 국가와 같은 공동체가 이에 해당할 수 있다. 또는, 영화 〈기생충〉에서 그려낸 전형적인 사회계층, 즉 거주 지역이나 경제 상황 역시 내가 좋아하는 것을 하고 원하는 대로 행동하려는 의지를 방해하는 요소다.

이러한 방해 요소가 너무 강력하면 이를 운명이라 받아들이며 포기하고 싶어질지도 모른다. 조금 냉정하게 들릴지도 모르지만 사실 나는 '노력하면 어떤 꿈도 이룰 수 있다'라든가 '모든 노력은 헛되지 않다'라는 말에 동의하지 않는다. 대신 '노력하지 않으면 어떤 꿈도 이룰 수 없다', '내가 원하는 목표나 좋아하는 것을 얻기 위해 움직이지 않는다면 어떤 변화도 일어나지 않는다'라는 말을 믿는다. 내가 좋아하고 원하는 일을 위해 지금의 현실을 개선하고 이겨낼 수 있는 것

때려치우기의 기술

은 오로지 나 자신뿐이다. 이는 엄연한 사실이다.

하지만 여기서 말하는 현실을 개선하고 이겨내기 위한 노력이나 좋아하는 일을 좇는 힘은 아주 사소한 것으로도 충분하다. 좋아하는 일을 위해 상황을 개선하고 투자해야 하는 노력이란 시간과 체력 같은 자원을 다시 배분하는 일이다. 좋아하지도 않고 하고 싶지도 않은 일에 낭비하고 있는 자원을 좋아하는 일, 하고 싶은 일에 써야 한다. 쓸데없는 압박감에서도 벗어나야 한다. 한 번에 모두 바꾸려고 하면 힘들지만 작은 변화는 누구나 이룰 수 있다.

《때려치우기의 기술》에서는 그만둔다는 행위를 시작으로 지금보다 조금 더 나은 상황을 만드는 여러 방법을 소개한다. 이 책을 읽고 내가 좋아하는 것과 하고 싶은 일로 인생을 채우기 위해 조금씩 변화하기를 바란다.

변화가 두려울 때는 세상의 해상도를 높이자

현재 상황을 조금이라도 더 좋게 변화시키고자 할 때 유념해야 할 키워드는 바로 '해상도'다. 우리는 너무 많은 일을 낮은 해상도로 바라보고 있다. 돈이 없다, 학력이 낮다, 규모가 작은 회사에서 일한다, 지방 출신이라는 필터를 쓰고 세상을 바라보는 것이다. 게다가 대개 이런 말 다음에는 "그래서 할 수 없다", "그러니까 난 안 돼"와 같이 부정적인 말이 따르곤 한다.

이처럼 대충 엮어서 단정 지어버리는 사고방식은 현재 상황을 개선하는 데 전혀 도움이 되지 않는다. 쓸데없는 필터로 해상도가 낮아진 상황에서는 내가 좋아하거나 원하는 일을 찾기 위해 변화하기가 쉽지 않다. 차라리 해상도를 높이고 내가 할 수 있는 일이 무엇인지 생각해봐야 한다. 그렇게 하면 내가 무엇을 좋아하는지 눈에 보이기 시작할 것이다.

물론 해상도를 낮추는 필터가 있음에도 자신이 좋아하는 것이나 하고 싶은 일을 찾을 수 있다면 아무런 문제가 없다. 이 역시 자신의 인생을 살아가는 하나의 방식이다. 하지만 이러한 사고방식에 동의하지 않는다면 그 프레임에 스스로 갇혀 있을 이유가 없다. 자신의 힘으로 변화를 일으키고 내가 좋아하는 일을 향해 방향을 틀어야 한다.

좋아하는 일을 하기 위해 나의 인생을 변화시키는 일은 결코 어렵지 않다. 사소한 일이라도 괜찮다. 지금까지는 절대로 선택하지 않았던 옷을 입거나 절대 신지 않았던 구두를 신어보는 일, 머리를 과감하게 염색하거나 지금까지 가보지 않았던 새로운 식당에서 식사하는 일과 같이 쉽게 도전해볼 수 있는 일부터 시작하면 된다. 처음 해보는 일들을 늘려가면 된다.

사소한 것이라도 시도하고 바꾸는 경험을 하면 눈에 들어오는 세상이 달라진다. 이렇게 계속 변화하다 보면 조금씩 내가 좋아하는 것에 가까워질 수 있다. 작은 변화에서 시작해 큰 변화를 만들 수 있을지도 모른다.

사실 이는 나의 경험담이기도 하다. 마이크로소프트사에서 근무할 당시 나는 머리를 꽤 길게 길렀다. 그랬더니 완전히 다른 세상이 눈에 보이기 시작했다. 내 머리 스타일은 일반적인 회사원치고는 너무 눈에 띄었다. 하지만 스타일을 바꾼 뒤 주변 사람들이 나에게 잔소리하거나 통제하려는 시도가 눈에 띄게 줄었다. 잔소리가 통할 것 같지 않아서 지레 포기한 것일지도 모르지만 이러한 주변 사람의 태도가 내가 좋아하는 일과 가까워지는 데 큰 도움이 되었다.

특히 오랫동안 해왔던 것에 변화를 주면 투자 대비 효과가 크다. 이는 엄청난 변화가 아니어도 상관없다. '오늘은 빨

간색 아이템으로 포인트를 줘야겠다'와 같이 사소하지만 지금까지는 하지 않았던 모험을 조금씩 시작해보자.

변화를 눈치챈 사람들과 대화를 나누며 소통의 기회도 늘어난다. 내가 머리를 기르고 나서부터 록을 좋아하는 사람들과 이야기할 기회가 늘어난 것처럼 자신이 속해 있는 공동체에도 변화가 생길지 모른다(나는 록을 좋아하기 때문에 이런 변화가 좋았지만 정말 생각지도 못했던 변화였다). 이러한 변화와 새로운 만남은 사소하지만 내가 처음 시도해본 머리 스타일 덕분에 생긴 것이다.

어차피 변화를 피할 수 없다면 내가 원하는 대로 바꾸자!

지금 소셜미디어SNS를 이용하고 있다면 3년 전 자신의 게시글을 확인해보길 바란다. 3년 전이라는 시기는 아직 코로나19가 존재하지 않던 때다. 당시 나는 마이크로소프트사에서 근무하는 직장인이었다. 생활양식도 사고방식도 지금과는 완전히 달랐다. 아마 모두가 SNS를 거슬러 살펴보면 그때와 비교해 지금 꽤 많은 변화가 생겼다는 사실을 알 수 있을 것이다.

이처럼 스스로 변화해야겠다는 다짐을 하지 않더라도 세상은, 또 우리 자신 역시 계속 변화하고 있다. 누구에게나 변화가 일어나고 이를 피할 수 없다면 내가 좋아하는 일을 찾아 스스로 변화를 일으키는 편이 더 즐겁지 않을까.

단 한 번뿐인 인생이다. 인생이라는 여행을 더 즐겨야 한다. 내가 일으킨 작은 변화를 통해 인생을 더 즐겁게 바꿀 수 있다. 이 책에서 소개한 여러 때려치우기 기술이 좋아하는 일을 찾고 원하는 내 모습을 만들어가는 데 도움이 되길 바란다.

2022년 5월

사와 마도카

마지못해 하는 일을
때려치우지 못하는 사람들에게

'그만두다.'

이 말을 들으면 무엇이 떠오르는가? '포기하다', '단념하다', '잃어버리다'와 비슷한 의미라고 생각하는 사람도 의외로 많은 듯하다. 이 책은 '그만두다'라는 말을 부정적으로 생각하고 불편해하는 사람들을 위한 책이다.

시대의 변화에 뒤처지고 있다는 생각이 들어 불안하다. 지금까지 성공했던 자신의 방식이 이제 조금 힘들게 느껴진다. 지금 하는 일이 왠지 모르게 힘겹다. 눈앞에 닥친 일을 열심히 했을 뿐인데 어느 순간 정신 차리고 보니 그렇게 좋아하지도 않는 일과 생활 속에 파묻힌 자신을 발견한다. 이대로는 안 된다는 위기감에 새로운 기술을 익히려 해도 하루하루가 너무 바빠서 시간이 나지 않는다. 예전과 같은 열정도 없다. 현재 이러한 생각을 가지고 있는 사람이 많을 것이다.

많은 사람이 그만둔다는 선택을 매우 극단적이고 부정적이라고 생각한다. '모 아니면 도', '몸과 마음을 다 바칠 것인가, 아니면 그냥 떠날 것인가', '적군이냐, 아군이냐'와 같은 극단적인 대립 구조를 떠올리는 사람도 많다. 하지만 '이래야 한다. 아니면……'이라는 사고에서 빨리 벗어나길 바란다. 이 책에서는 이러한 생각에서 벗어나게 해주는 '때려치우는 기술'을 소개하려 한다.

물론 그러한 사고의 바탕에는 '더 나은 인생을 살고 싶다', '포기하고 싶지 않다', '보다 나다운 삶이 있을 것이다'라는 긍정적인 마음이 자리하고 있다. 하지만 막상 행동하려고 하면 여러 장벽에 부딪혀 잘되지 않는다. 대체 왜 그러는 것일까? 그 이유는 오랫동안 자신도 모르는 사이에 쌓인 인생의 매몰비용 때문이다.

매몰비용이라는 개념은 이 책의 키워드다. 그렇다면 매몰비용이란 무엇일까? 매몰비용은 원래 경제학 용어로 '특정 경제 행위에 대해 어떤 의사 결정을 해도 회수할 수 없는 비용'이라는 의미다. 또 '그러한 경제 행위를 지속했을 때 손실이 더욱 확대될 수 있는 비용'이다. 간단히 말해서 과거에 성공했던 아이디어나 방법을 계속 고집하다 보면 사고 패턴이 과거에 고착되는 것을 말한다. 그 결과 나도 모르는 사이에 과거의 연장선상에서만 생각하게 된다. 이 말을 내 방식대로 바꿔 말하면 "지금까지 힘들게 해온 거니까"와 같은 말로 드러나는 사고나 행동 패턴이다.

'힘들게 여기까지 왔는데'
'힘들게 대기업에 취업했는데'
'힘들게 계속해온 건데'

이러한 생각이 마치 족쇄처럼 행동을 제한하고 무의식중에 자신의 인생을 정체시키는 매몰비용이 된다. '이렇게 노력하고 있는데 왜 잘 안 되지'라고 생각하는 사람이 있다면 이 책이 자신의 매몰비용을 찾아내고 그것을 없애는 데 도움이 되길 바란다. 매몰비용을 없애기 위한 중요한 사고와 행동이 바로 '그만둔다'는 선택이다.

그만두기는 그렇게 어려운 일이 아니다. 지금까지 계속해오던 것을 한 번에 바꾸기는 쉽지 않지만, 자신을 짓누르고 있는 부담감을 하나하나 조금씩 내려놓기만 해도 충분하다. 예를 들어 평소 행동을 돌아보며 '하지 않아도 되는 일'을 찾아내고 그중 하나만이라도 그만두는 것이다. 내가 자신 없는 일은 나보다 더 잘하는 다른 사람에게 부탁하거나, 의무감으로 참석했던 정기 모임에 한번 빠지는 것도 도움이 된다. 부담 없이 할 수 있는 일부터 시작하는 것이다.

무엇을 어떻게 그만두면 되는지 구체적인 방법은 이 책에서 다양하게 소개할 것이다. 다만 방법을 익히기 전에 지금까지 당연하게 지속해왔던 무언가를 그만둔다는 결정을 하고 행동을 근본적으로 바꾸려는 자세를 가져야 한다. 계속 같은 행동을 하고 있으면 상황은 결코 바뀌지 않는다. 아니, 매몰비용인 이상 오히려 상황은 점점 더 악화할지도 모른다. 지금까지의 인생에 매몰되기 전, 지금까지와는 다른 사고와 행동을 할 필요가 있다.

그만둔다는 선택을 하면 새로운 나와 만날 수 있다. 새로운 자신이란 매일을 설레는 마음으로 시작하는 나다. 정말 좋아하는 일을 하며 만족스러운 하루를 마무리하는 나다. 다양한 사람들과 편하게 소통하며 알찬 시간을 보내는 나다. 이것이 결국 행복한 삶 아닐까?

그러한 인생을 누구나 손에 넣을 수 있다. 한 번뿐인 인생을 충분히 즐기고 음미하기 위해 지금 당장 똑똑하게 때려치우는 기술을 연마하라!

차례

때려치우기 기술을 위한 준비운동:
자, 이제 솔직해지자! 26

때려치우기 위한 첫 번째 기술:
보이지 않는 짐은 벗어던져라!

2장

때려치우기 위한 두 번째 기술:
안 되면 되는 거 해라!

때려치우기 기술을 위한 준비운동: 자, 이제 솔직해지자!

갑작스럽게 다가온 변화의 시대

코로나19로 인해 세상이 바뀌었다. 그렇다면 대체 세상의 무엇이 바뀌었을까? 우리는 어떻게 바뀐 것일까?

우리가 평소에 생활하는 장소나 거리의 모습이 예전과 비교해서 어떻게 달라졌는지 떠올려보라. 코로나19 확산 이후 거리를 다니는 사람의 수가 눈에 띄게 줄었다. 길거리의 거의 모든 사람이 마스크를 하고 있으며 실내에는 여기저기 소독제가 놓여 있다. 줄을 서거나 앉을 때는 거리 두기를 한다.

창구에는 투명 아크릴판이 세워져 있다. 바로 이러한 점들이 예전과 비교해 달라진 모습이다.

하지만 다른 한편으로는 우리가 보는 거리 풍경이 크게 바뀌지 않은 부분도 많다. 소독제도 마스크도 그다지 새로운 물건이 아니다. 투명 아크릴판 역시 은행이나 병원에서 예전부터 사용하던 것이다. 언뜻 보면 거리의 풍경에서 극적으로 달라진 점은 없는 셈이다. 나는 바로 이것이 현실을 파악하기 위한 하나의 단서라고 생각한다.

그럼 대체 무엇이 바뀐 것일까? 바로 우리의 의식이다.

팬데믹이라는 전 세계를 뒤흔든 재앙이 발생한 것은 엄연한 사실이다. 이로 인해 신종 바이러스에 면역이 없는 우리 인류는 꼼짝없이 마스크에만 의존해야 할 때 느끼는 불안과 공포, 당연하게 누렸던 자유가 반강제적으로 제한되었다는 무력감, 세계적으로 발생한 아시아인을 향한 편견과 차별·폭력을 경험했다. 일본 내에서도 마스크 착용 여부나 지역 간 이동 등을 둘러싸고 끊임없이 갈등이 벌어졌다. 바이러스, 편견, 차별, 양극화, 폭력……. 이렇게 보이지 않는 존재에 대한 불안이나 공포가 잠재의식 속에 자리 잡고 있어 세계는 무의식중에 또 한 걸음 단절에 가까워졌다.

팬데믹이 끝나더라도 예전과 완전히 같은 생활로 돌아갈 가능성은 매우 낮다. 팬데믹 이전에 당연하게 해왔던 행동들을 어느 정도는 회복할 수 있을 것이다. 하지만 우리가 다시 예전처럼 편안한 마음으로 다양한 나라를 여행할 수 있을까? 사람들이 많이 모이는 장소에 가서 마음껏 떠들며 놀 수 있을까? 축제나 콘서트를 예전처럼 즐길 수 있을까? 회의실이나 출퇴근 시간 열차 속에서 장시간, 사람들과 밀접접촉하며 함께 있을 수 있을까?

물론 그러한 행위가 완전히 사라지지는 않을 것이다. 그럼에도 우리는 의식하지 못한 상태로 그러한 상황을 피하면서 일하고 생활하게 될 것이다. 생활양식이나 업무 방식도 변화할 가능성이 높다. 그리고 그러한 상황에 또 익숙해져 갈 것이다. 하지만 여기서 중요한 사실은 만약 그 새로운 생활양식에 익숙해졌다고 하더라도 이 세상이 예전으로 돌아가지는 않는다는 점이다.

이전의 세계로는
돌아갈 수 없다

전 세계적으로 발생한 근본적인 변화, 그레이트 리셋Great Reset
은 사실 30년 전에도 발생했다. 바로 인터넷의 등장이다.

이번 팬데믹과 마찬가지로 인터넷 여명기 역시 당장 눈앞
의 풍경은 그 이전 시대와 비교해서 그다지 바뀌지 않았다.
하지만 점차 가정과 사무실에 컴퓨터가 설치되었고 나중에
는 한 사람당 한 대의 컴퓨터를 사용할 정도로 널리 보급되
었다. 가정에 TV 이외의 디스플레이가 있는 것이 당연한 시

대가 된 것이다. 휴대전화를 들고 거리에서 통화하는 사람이 늘었고, 예전에는 지하철이나 기차에서 신문이나 만화책을 봤다면 지금은 모두 고개를 숙이고 메시지를 보내거나 인터넷 서핑, 게임을 한다. 휴대전화로 사진을 찍을 수 있게 되면서 완전히 새로운 생활양식과 문화가 생겨났다. 기술의 발전으로 일상생활이 바뀌기 시작한 것이다.

인터넷 역시 아주 빠른 속도로 전 세계에 보급되었다. 하지만 차근차근 단계를 거치면서 변화했기 때문에 일반 사람들 역시 무리 없이 받아들일 수 있었다. 게다가 인터넷은 거부감을 발생시킬 만한 요소가 거의 없다. 과거와 비교해 편리하고 즐거움이 늘었다. 덕분에 우리는 이 그레이트 리셋을 긍정적으로 받아들일 수 있었다.

하지만 30년이 지난 지금, 최근 우리가 겪은 그레이트 리셋은 보이는 풍경을 거의 바꾸지도 않았고 오히려 사람들의 목숨을 위협하고 있다. 자유가 제한되는 등 부정적인 요소가 많아 긍정적으로 받아들이기 힘들다. 또 대부분 자유와 민주주의를 내세우는 국가일수록 피해가 컸다는 점은 상징적이라 할 수 있다.

이렇게 미시적인 현상에서 거시적인 움직임에 이르기까

지 다양한 관점에서 팬데믹 이후의 세계를 예측할 때마다 하나의 결론에 다다르곤 한다. 세계는 코로나19 이전으로 돌아가지 않는다.

행동한 사람만 알 수 있는
변화의 진짜 모습

2020년 봄 긴급사태가 선언됐을 때(일본은 코로나19 확산 방지를 위해 2020년 4월 도쿄, 오사카 등 일곱 개 광역지방자치단체를 대상으로 외출 자제, 학교·영화관 등과 같은 다중이용시설 자제 등의 내용을 포함한 긴급사태를 실행했다. —편집자) 나는 도시를 이동해야 하는 일정이 생겨 어쩔 수 없이 한밤중에 운전대를 잡았다. 그런데 평소에는 항상 사람들로 붐볐던 도쿄의 밤거리가 아무런 인적도 찾을 수 없을 정도로 휑했다. 겉으로 보이는 풍경이 완전히 바뀐 이상한 순간이었다.

나는 예전부터 과학기술이 시간과 공간의 괴리를 극복하기 위해 존재한다고 말해왔다. 그러나 코로나19로 인해 과학기술의 존재 의의였던 '공간' 문제를 해결하는 일이 무의미해졌다. 바이러스가 기승을 부리는 세상에서는 아무리 공간을 빠르고 편리하게 이동하는 기술을 개발하더라도 이동 자체가 제한되므로 아무런 의미가 없다.

예전부터 일부 학자나 경영자가 팬데믹으로 인한 혼란을 예상하기도 했지만 대다수 사람들은 이에 대한 준비도, 각오도 하지 못했다. 그래서 팬데믹 발생 초기에는 승객이 한 명도 타지 않은 텅 빈 열차나 비행기가 시간표에 맞추어 움직이는 경우도 발생했다.

하지만 이러한 상황 속에서도 사람들은 인터넷을 활용해 실제 이동 없이 먼 거리의 사람들과 함께 일하며 팬데믹 상황을 이겨냈다. 온라인으로 서비스를 제공하며 서로의 시간을 맞춰나간 것이다.

자동차를 타고 도쿄의 밤거리를 달리던 나는 문득 이런 생각을 했다. 차창 너머 눈앞에 펼쳐진 풍경을 보며 결국 이상하다는 느낌을 받는 사람은 실제로 그 장소에 가본 이들뿐

때려치우기의 기술

아닐까? 모두가 TV 뉴스를 통해 밤거리에 사람이 없다는 사실은 알고 있지만 이는 신체나 감각을 통해 실제로 느끼거나 체험한 것이 아니다. 그저 집에서 보내는 시간이 길어졌을 뿐, 이들 눈에 보이는 풍경은 바뀌지 않았다.

역설적인 상황이다. 팬데믹 속에서 '밤의 이상한 풍경'을 실제로 경험한 사람은 부득이한 사정으로 이동한 사람뿐이다. 그리고 이러한 경험을 한 사람은 지극히 적을 것이다. 나 혼자만 그 공간에 있는 듯한 감각은 실제로 체험하지 않으면 알 수 없다.

내가 하고 싶은 말은 모든 일에는 실제로 해본 사람만 알 수 있는 무언가가 있다는 사실이다. 강제로 리셋된 시대에는 실제로 새로운 행동을 하고 느끼며 경험한 사람만이 발견할 수 있는 무언가가 있다.

코로나19가 가져온
사고의 매몰비용

팬데믹으로 상황이 완전히 리셋되었는데도 여전히 이 상황을 받아들이지 못하는 사람이 많다. "지금 이 상황은 독감 같은 것이니 백신만 맞는다면 얼마든지 예전으로 돌아갈 수 있어"라고 말하는 사람도 있다. 팬데믹 상황만을 고려한다면 이도 맞는 말이다.

하지만 우리의 의식이 바뀐 이상 세상은 예전으로 돌아갈 수 없다. 물론 그 사실을 실제로 경험하고 확인하지 못한다면 이 세상이 근본부터 바뀌었다는 현실도 받아들이기 힘들 것이다.

부정적인 변화라서 그럴까? 아니면 거부 반응이나 불안감에 휩싸여 있기 때문에? 여러 이유가 있을 수 있다. 한 가지 확실한 것은 이들이 현재 세상이 새롭게 리셋되었다는 사실을 인식하기 힘들어 한다는 것이다.

그렇다면 현실의 변화를 인식하지 못한 사람은 어떻게 될까? 자신이 했던 과거 경험의 연장선상에서만 모든 일을 생각한다. 이 책에서는 이것을 '매몰비용'이 되기 쉬운 사고라고 이해하고 분석해나갈 생각이다.

'이렇게 열심히 해서 이룬 성과니까'
'이 방식으로 여러 번 위기를 극복했어'

이러한 과거의 성공 경험은 잊기도 힘들고 쉽게 버릴 수도 없다. 많은 사람이 과거의 자신이 이루어낸 업무 성과에 스스로의 가치를 두는 경향이 있어 리셋하기를 주저한다. 이 때문에 새로운 시작 또한 어렵다.

예를 들어 코로나19로 인해 많은 관광업이나 요식업이

타격을 받았다. 지금까지 관광업이 호황이었던 것은 외국인 관광객이 계속 늘어났기 때문이다. 그런데 코로나19로 인해 가장 큰 수입원이었던 외국인 관광객의 발길이 갑자기 뚝 끊겼다. 아시아 각국의 수많은 관광객이 갑자기 오지 않는 상황은 그 누구도 상상조차 하지 못했던 일이다.

이제는 앞으로 어떻게 하는지가 중요하다. 외국인 관광객만을 염두에 두고 관광업을 해온 사람은 무조건 '예전으로 돌아가려면 어떻게 해야 할까?'를 먼저 고민한다. 하지만 개인이나 기업이 아무리 노력해도 이미 바뀌어버린 세상은 예전으로 돌아가지 않는다. 게다가 외국인 관광객이 돌아오기를 바랄 뿐 정작 코로나19 확산 방지나 또 다른 팬데믹 상황에서의 대처 방법에 대한 답은 찾지 못한 상태이기 때문에 자신의 신념이나 경영 방침 역시 일관성을 유지하기 힘들다. 과거에는 외국인 관광객을 유치해 큰 이익을 얻었지만 지금은 '외국인 금지', '다른 지역에서 온 고객은 입장 금지'라는 안내문을 내걸 수밖에 없는 모순이 발생하는 것이다. 코로나19가 종식되었을 때 이러한 마인드로 과연 성공할 수 있을까?

이처럼 과거의 성공 경험에서 헤어나지 못한다면 근본적인 변화가 필요할 때 스스로를 변화시킬 수 없다. 이는 곧 시

대의 흐름에 맞춰 자신을 업데이트하기가 힘들어진다는 의
미이기도 하다.

변화의 시작은
나만의 경험에서부터

그렇다면 지금 우리에게는 어떤 사고와 행동이 필요할까?
나만의 신선한 '1차 정보'가 있으면 아무리 어려운 상황이라
해도 스스로 납득할 만한 판단을 할 수 있다.

신선한 1차 정보란 무엇일까?

나는 산속에서 채소를 직접 재배해 자급자족하는 가족을
알고 있다. 그 가족은 농사지은 채소를 판매하지 않고 동네
사람들에게 나눠주며 지역 내에서 소비한다. 게다가 자신들

이 신선한 채소를 키우고 있으니 마트에서 채소를 구매할 마음도 전혀 들지 않는다고 했다. "마트에서 양배추를 샀는데 평소에 먹던 양배추 맛이랑 너무 달라서 정말 깜짝 놀랐어."

이 말을 듣고서 나는 직접 재배한 그 채소가 신선한 1차 정보라고 생각했다. 채소를 자급자족하는 행위는 신선하고 맛있는 1차 정보를 얻어 그로부터 최고의 경험을 맛보는 상태다. 물론 1차 정보라고 해서 무조건 다 좋은 것은 아니다. 썩은 정보라면 의미가 없다. 다만 내가 1차 정보를 가지고 있고 그 정보가 좋은 정보인지 아닌지를 스스로 판단할 수 있다면 자연스레 최고의 결과를 손에 넣을 수 있다.

한편 마트에서 파는 채소는 일정 수준의 품질을 유지한다. 하지만 신선하지 않을 때도 있다. 다시 말해 신선함을 희생하고 품질만을 담보하는 상황인 셈이다. 게다가 누구나 쉽게 구매할 수 있기 때문에 특별한 경험을 제공하지 않는다. 나는 이러한 것을 '2차 정보', '3차 정보'라고 부른다.

여기서 내가 강조하고 싶은 것은 시대가 아무리 바뀌어도 나만의 1차 정보를 스스로 체험하고 그 품질을 판단할 수 있는 사람은 언제나 최고의 경험을 할 수 있다는 사실이다. 이것은 일에도 일상생활에도 모두 적용된다. 많은 사람이 1차 정보는 갖지 못한 채 가공한 정보만을 가지고 인생에서 중요한 결정을 한다.

코로나19가 발생한 뒤 많은 사람이 집에 틀어박혀 TV나 인터넷 정보에만 의존하고, 이를 근거로 사재기를 하거나 타인을 비방하는 일이 발생했다. 이러한 사태를 보며 나는 밖에 나가 직접 상황을 보지 않은 채 누군가가 가공한 정보만을 가지고 상황을 판단하는 사람이 많다는 사실을 다시 한번 느꼈다.

중요한 것은 스스로 판단하고 경험하며 신선도와 품질을 가늠하는 일이다. 이것이 가능한 사람은 아무리 세상이 크게 바뀌더라도 자기 생각이나 선택에 따라 신선하고 맛있는 채소를 먹으며 어디에서든 풍족하게 살아갈 수 있다.

먼저 행동한 당신이 승리자!

"그냥 마트에서 파는 채소를 사는 게 어때서?"

"쉽고 편리한 게 좋은 거 아니야?"

이렇게 말하는 사람도 있을 것이다. 2차 정보나 3차 정보만으로 인생이 행복하다면 물론 그것도 괜찮다. 그런데 지금은 인터넷 기술이 발달하고 클릭 한 번으로 지구 반대편에 있는 사람들의 가치관까지 알 수 있는 시대가 되었다. 그 덕에 불행인지 다행인지 이 세상에는 여러 인생과 가치관이 존재한다는 사실도 알게 되었다. 우리가 이러한 시대에 살고 있는 만큼 나는 이 책을 읽는 독자들이 반드시 자신만의 1차 정보를 찾아 더 풍요로운 인생을 위한 한 걸음을 내딛길 바란다.

또 어디까지나 예를 든 것이기는 하지만, 우리에게 마트에서 파는 채소라는 하나의 선택지밖에 없다면 마트의 채소 공급이 끊겼을 때 아무 채소도 살 수 없는 상황을 맞이하게 된다. 이런 긴급 상황 속에서도 항상 나만의 1차 정보를 손에 넣을 수 있는 사람은 이 세상의 시스템과 상관없이 강력한 생존 능력을 발휘하게 될 것이다. 다시 말해 1차 정보를 만드는 방법을 알고 있는 이라면 언제 어디서나 '자급자족' 할 수 있다는 말이다.

이것이야말로 모두 리셋된 이 시대에서 여유롭게 살아남을 수 있는지를 좌우하는 요소다. 이 세상의 다양한 가치관을 참고해 스스로 생각하고 인생을 디자인한 후 자기 나름의 행복을 찾아 움직이는 것이다. 이러한 강하고 유연한 힘이 앞으로 더욱 필요해질 것은 분명하다.

팬데믹이라는 상황을 거치면서 우리는 모두 성공과 실패 경험이 전혀 없는 상태로 완전히 리셋되었다. 이런 시대에는 앞으로 해야 할 일이 무엇이든 모두 새로운 일이라고 생각해야 한다. 정답이 없는 시대가 시작되었기 때문에 무엇을 어떤 식으로 하건 모두 새로운 체험이고 1차 정보가 된다. 이른바 '먼저 시작하는 사람이 성공'하는 시대가 되었다.

나는 2020년 8월까지 일본 마이크로소프트사에서 근무했다. 1997년에 입사해서 23년 동안 재직했다. 그렇게 오랜 시간 근무한 회사를 그만둔다고 했을 때 많은 지인이 매우 놀라워했다. "이런 팬데믹 시대에 그만둔다고요?" "음, 경력이 아깝지 않아요?"

한 치 앞도 예측할 수 없는 상황에서 굳이 회사를 그만두는 것은 누가 생각해도 위험한 선택이었다. 하지만 나는 오히려 팬데믹을 통해 상황의 연속성이 사라졌다는 사실이 확실히 증명되었다고 생각했다. 세상이 바뀌었고 이전과 동일한 상황이 이어지지 않는데도 과거에 머무르고 안심하는 편이 더 리스크가 크다. "이 시국에?"라는 말이 튀어나올 정도로 과거의 경험이나 가치관 등에 사고가 고정되어 매몰비용이 되고 있는지도 알아채지 못하는 것이다.

물론 "마음에 안 드는 회사는 그만둬!" "원하지 않는 인간관계는 모두 정리해!"라는 말을 하려는 것은 아니다. 근거도 없으면서 '과거의 연장선상에 머물면 어떻게든 될 거야' 라고 생각하거나 '당신이니까 가능한 일 아니야?'라며 남의 일로 치부해 더 이상 사고하지 않는 태도에 경종을 울리고 싶을 뿐이다.

앞으로 이야기할 때려치우기 위한 여러 방법들은 현재 상황과 관계없이 스스로 자신만의 길을 걸어가기 위해 반드시 활용해야 하는 것이라고 생각해야 한다. 실제로 무언가(회사, 인간관계……)를 그만두지 않더라도 자신의 마음속에서 그만두는 일도 가능하다. 우선 지금 있는 장소에서 자신의 상식이나 규칙, 고집, 선입견, 과거의 성공 경험 등을 깨끗이 잊고 새로운 인생을 시작하면 어떨까? 다음 장부터 소개하는 내용은 좀처럼 첫걸음을 내딛지 못하는 사람들에게도 분명 도움이 되리라 생각한다.

예전 책에서 "상식에 얽매여 있으면 사고는 정지한다"라는 말을 한 적이 있다. 팬데믹으로 인해 일과 생활의 대전제가 바뀐 상황에서 우리는 지금까지 해왔던 것 이상으로 당연함을 의심하고 자신의 새로운 가치를 만들어낼 필요가 있다. 본질을 파악하는 일은 디자인하는 능력이라고도 할 수 있으며, 이 디자인 능력은 단순히 근무 방식에만 국한되는 것이 아니라 '자신의 인생을 어떻게 하면 더 멋지게 꾸며나갈까?' 와 같은 관점으로도 이어질 수 있다. 앞으로는 스스로 인생을 디자인하는 힘 역시 매우 중요하다. 더불어 당연함을 의심하는 힘 역시 앞으로 중요한 능력이 될 것이다.

의심을 위한 전제 조건 자체가 리셋된 이상, 앞으로는 개개인이 자신의 인생을 새롭게 디자인하고 창조해나가는 힘을 더욱 길러야 한다. 우리는 지금까지 당연시 여겨왔던 일들을 의심할 수밖에 없는 시대를 살고 있다.

지금이야말로 자신에게 솔직하게 살아가야 할 때다. 나만의 1차 정보를 확보해 스스로 사고하고 행동하며 자신이 생각하는 길을 걸어야 한다. 모든 것이 리셋된 지금이 가장 적절한 시기가 아닐까? 용기를 내어 모두가 최고의 첫걸음을 내딛기 바란다.

(1장)

때려치우기 위한
첫 번째 기술:
보이지 않는 짐은
벗어던져라!

'지금까지 힘들게
노력했으니까'는 그만!

앞에서도 언급했지만, 매몰비용은 경제학 개념으로 특정 경제 행위(투자, 생산, 소비 등)에 지출한 고정비 중 어떤 의사결정(중단, 철회, 백지화 등)을 해도 회수할 수 없는 비용을 말한다. 그리고 지금까지 들인 돈이나 노력, 시간이 아깝다는 이유로 그 경제 행위를 지속한다면 손실이 더 확대될 우려가 있는 비용을 의미한다.

　이 말을 내 방식대로 바꿔 말하면 다음과 같다. "지금까지 힘들게 ○○ 했으니까." 이 표현에 드러나는 사고나 행동 역시 그러하다. 다음과 같은 말들을 하고 있지는 않은가?

"힘들게 공부해서 좋은 대학에 들어갔으니까"
"힘들게 원하는 회사에 취직했으니까"
"지금까지 이 회사에서 열심히 해왔으니까"

이 책에서는 이런 생각이 나도 모르는 사이에 인생의 매몰비용이 되고 있지는 않은지 점검해보고자 한다.

예를 들어 회사를 그만두고 싶지만 그만두지 않는 이유가 '힘들게 들어온 회사라서'라는 이유뿐이라면 차라리 관두는 편이 더 낫다. 조금 극단적일 수도 있지만 그 회사에 입사한 시점에서 이미 목표를 달성했기 때문이다. 더는 회사에 있을 이유가 없다. 어렵게 입사했다는 사실이 그만두지 않겠다는 결단을 내린 가장 큰 이유라면 그 자리를 잃을까 봐 두려워하기만 하는 상황이라 할 수 있다. 그리고 이는 그저 매몰비용에 불과하다. 물론 열심히 노력해서 원하는 회사에 취직했으니 스스로를 부정할 필요는 없다. 마음속 추억 상자에 그 회사에서 얻은 경험을 소중하게 담아두고 다음 단계로 나아가면 된다.

　매몰비용이 되는 것은 자신의 입장이나 눈에 보이는 속성뿐만이 아니다. 앞에서도 말했듯이 '지금까지 열심히 해왔으니까'라고 생각하는 마음도 때로는 많은 부분이 매몰비용으로 바뀐다. 자신이 맡은 일을 잘하기 위해 이를 악물고 노력했고 결과적으로 좋은 성과를 거두었지만 그러한 소소한 성공 경험도 자칫 잘못하면 자신도 모르는 사이 매몰비용이 될 수 있다.

　성공 경험을 자랑스러운 추억으로 생각하는 것은 좋다. 하지만 더 이상 자신을 업데이트하기 위해 노력하지 않는다면 자랑스럽게 여겼던 과거의 가치관에 스스로 얽매일 수밖에 없다. 그렇게 조금씩 성장 속도가 줄어들면 어느새 더 나은 인생을 위해 효과적으로 시간을 쓰지 못하게 된다. 결국에는 부하 직원이나 후배에게 "이봐, 나 때는 말이야……"라며 쓸데없는 잔소리만 늘어놓게 될지도 모른다. 한번 주변을 둘러보라. 성장이나 사고가 정지되어 그저 부하 직원에게 방해만 되는 상사가 있지 않은가?

　바로 그때가 가장 경계해야 할 상황임에도 본인은 그저 죽을힘을 다해 열심히 해왔을 뿐이라고 마음 놓고 있을지도 모른다. 주어진 업무에 최선을 다해 노력했고 그 결과 얻어 낸 성공 경험이 자신의 가치관과 정체성의 핵심이라고 여기기 때문이다. 바로 이것이 내가 말하는 매몰비용에 얽매여 있는 상황이다.

이들이 과거에 이루어낸 성공이 모두 아무런 의미 없는 일이라고 말하려는 것은 아니다. 이들 역시 젊었을 때 열심히 노력했고 각자의 위치에서 사회를 위해 중요한 역할을 해냈음이 분명하다. 하지만 지금은 시대가 달라졌다. 지금은 '스스로 더 발전해야 해!', '새로운 미래를 내가 직접 만들어 갈 거야!'라는 의지가 더욱 중요하다. 이러한 의지가 없다면 오히려 성장에 방해가 될 수 있다. 차라리 그냥 가만히 있는 편이 나을 수 있다.

사용하지 않는데 버리지 못하는
물건들로 둘러싸여 있나요?

'나는 그렇게 생각하지도 않고 그렇게 행동하지도 않으니까 괜찮아'라며 스스로 위안하는 사람이 있을 수도 있겠다. 하지만 인생의 매몰비용은 일뿐만 아니라 일상생활의 다양한 상황에도 숨어 있다.

구매한 뒤 거의 사용하지 않고 내버려 둔 물건을 떠올려 보라. 처음 물건을 사고 난 직후에 잠깐 써보고 그 이후에는 전혀 사용하지 않는 물건도 많다. 물건이라 함은 실제로 계속해서 사용해야 그 가치가 있고 생활에 도움을 주는 것인데 그러한 물건은 구매한 당시의 만족감만으로 역할이 끝나버린 것이다.

몇 년 동안 입지 않은 코트, 거의 사용하지 않아 새것이나 마찬가지인 전자제품, 책장에 꽂혀 있기만 한 책 등 우리 주변에 이러한 물건은 셀 수 없이 많다. 조금이라도 활용했고 그 물건으로 인해 삶이 더 나아졌다면 상관없다. 하지만 사놓고 사용하지 않은 자격증 교재나 다이어트 기구 등 '성공하지 못했던 과거의 기억'이 가득 담겨 있는 물건은 전형적인 매몰비용이다.

인간은 희한하게도 그렇게 부정적인 감정을 떠올리게 하는 물건일수록 더 버리기 힘들어한다. 여러 이유가 있겠지만 그런 물건이 자신을 성장시키거나 편리하게 만드는 도구라고 여기기 때문이다. '이 교재로 영어 실력을 키울 거야', '다이어트 기구로 건강해질 거야'라고 생각하며 변화한 자신의 모습을 상상해보는 것도 좋다. 하지만 이들은 어디까지나 도구에 불과하다. 결국에는 그러한 도구를 사용해 자기 자신이 바뀌어야 한다.

하지만 사람들은 그런 도구에 자기 생각이나 이상적이라

고 여기는 자신의 모습을 투영시킨다. 그 때문에 계획대로 성공하지 못했음에도 그 도구를 보며 계속 그 모습을 그리게 되는 것이다. 그러다 결국 마치 무거운 짐이라도 짊어진 것처럼 지금까지의 인생 속에 매몰돼버리고 만다.

그렇다고 사용하지 않는 물건을 모두 버리라는 의미는 아니다. 보기만 해도 즐거워지고 그곳에 존재하는 것만으로도 설레거나 행복한 마음이 드는 물건도 있을 수 있다. 가끔 꺼내 보면 마음이 편안해지는 물건도 있다. 그런 물건은 그냥 두어도 괜찮다. 반면 "이거 비싸게 주고 산 건데", "힘들게 돈 모아서 산 거니까", "그냥 버리기는 아까워"와 같은 말을 하게 되는 물건이라면 버려야 한다. 아쉽다면 사진을 찍어서 추억으로 남기는 방법도 있다.

이렇게 말하고 있는 나 역시 과거에는 물건을 버리지 못하는 사람이었다. 특히 업무 특성상 새로운 디지털 기기에 정통해야 했기 때문에 새로 나오는 제품은 웬만하면 구매하곤 했다. 그런데 모두가 알다시피 디지털 기기는 끊임없이 새로운 제품이 쏟아져 나온다. 게다가 디지털 기기는 하루아침에 못 쓰게 되는 물건이 아니라 새로운 물건이 나오면서 서서히 시대에 뒤처지는 것이다. 이렇게 최신이 아닌 제품이 조금씩 불편해지긴 하지만 사용하는 데에는 전혀 문제가 없다. 게다가 나의 경우 디지털 기기를 구매하는 이유가 가장 최신의 것을 사용하는 경험에 있었기 때문에 예전 제품을 사용하는 의미가 없었다. 그럼에도 '고장이 나지도 않은 멀쩡한 기기를 버리기 아깝다', '어딘가 활용할 만한 곳이 있을 거야'라는 생각에 이러지도 저러지도 못하고 계속 방치해두곤 했다.

바로 이것이 명백한 나의 매몰비용이었다. 이 비용이 늘어난다고 해서 업무의 질이나 효율이 떨어지는 것은 아니다. 하지만 집 안에 사용하지 않는 디지털 기기가 쌓여가는 상황은 심리적으로 무거운 짐이었다.

그러다 최근에 이러한 매몰비용을 없앨 수 있었다. 한 번에 모두 버리는 것은 내키지 않아 사람들에게 경매로 내놓기 시작한 것이다. 내가 운영하는 온라인 사이트에서 경매 방식으로 판매를 시작했다. 가지고 있던 IT 기기를 20개 정도 내놓았고 판매 수익은 전액 기부했다.

인터넷 세상 속에서 나와 느슨하게 연결돼 있던 사람들에게 내가 안 쓰는 제품을 판매했고 덕분에 제품의 사용 후기를 들을 기회도 생겼다. 흥미롭게도 이 경험을 통해 여러 가지 정보를 얻기도 했다.

사실 디지털카메라를 내놓았을 때는 솔직히 '이걸 사는 사람이 있을까?'라고 생각했다. 제품 자체는 성능이 뛰어났으며 여전히 잘 작동했다. 그렇지만 누구나 스마트폰으로 더 간편하게 예쁜 사진을 찍을 수 있는 시대이니 만큼 이 물건을 사는 사람이 나타나지 않을 수도 있겠다는 생각에 반쯤 포기했었다.

그런데 정작 판매를 시작하니 구매를 원하는 사람이 여럿 있었고 결국 경매를 통해 판매를 완료했다. 최종 낙찰 받은 사람에게 디지털카메라를 구매한 이유를 물어봤더니 아이 수학여행 때 쓰려고 샀다는 답이 돌아왔다. 초등학교에 통신기능이 있는 기기는 수학여행에 가져갈 수 없다는 교칙이 있는데 그렇다고 해서 새로운 카메라를 사주기는 부담스러워서 고민 중이었다고 했다. 마침 그때 저렴한 가격의 카메라가 경매에 나와서 기쁜 마음으로 구매했다는 것이다.

나는 이 대화에 내심 놀랐다. 전혀 예측하지 못한 수요가 있을 수 있고 나에게는 매몰비용이지만 다른 사람에게는 꼭 필요한 자원이 될 수 있다는 사실을 새삼 깨달은 순간이었다. 생각해보면 공유경제 역시 원래 이런 발상에서 시작된 것이다. 물건을 버리기 힘들어하는 사람이나 매몰비용이 된 물건을 갖고 있는 사람이라면 그 물건은 꼭 필요로 하는 다른 사람을 찾아 넘겨주는 것도 방법이라는 사실을 잊지 않았으면 한다.

언젠가 이 사람이 나에게
도움을 줄 수도 있다고? NO!

매몰비용은 인간관계에서도 발생한다. 이를 본능적으로 알아차리는 사람도 있을 것이다. 우선 사람이 아니라 그 사람의 배경이나 타이틀에 더 관심이 가는 인간관계는 솔직히 말해서 정리해도 상관없다. 비즈니스를 할 때 배경이나 타이틀 때문에 만나는 사람들도 종종 있다. '○○그룹 본사에서 일하네', '저 사람 본부장이니까', '이 사람 알아두면 영업 실적에 도움이 될지도 몰라' 하면서 업무상 도움이 될 것이라는 생각으로 유지하는 인간관계가 꽤 많다.

'그 정도는 괜찮지 않아? 일로 만나는 사람 모두랑 친해지는 것도 아니고. 업무상 인간관계는 다 그런 거 아닌가?'라고 생각하는 사람도 있을 수 있다. 이는 안일한 생각이다. 인생에서 무엇보다 중요한 자원인 시간을 좋아하지도 않는 사람을 위해 쓰고 있는 것이기 때문이다. 이 손실은 측정이 불가능할 정도다.

지금 하는 업무를 위해 챙겨야 하는 인간관계도 당연히 있다. 결정권이 있는 사람과 좋은 관계를 유지하는 편이 업무에 도움이 될 때도 있다. 하지만 지금 하는 프로젝트가 끝나면 또 다른 일이 시작된다. 그리고 다음 업무를 할 때는 또다른 분야의 사람들과 관계를 맺는다.

항상 같은 사람과 함께 일하는 직무라면 상사나 거래처 등 결정권을 가진 사람이 늘 가까이에 있기 때문에 더 휘둘리기 쉽다. 그럼에도 내가 하고 싶은 말은 일이라서 어쩔 수 없다고 단념하는 사이에 스스로를 위해 쓸 수 있는 소중한 시간이 계속해서 조금씩 줄어들고 있다는 것이다.

자신의 자원을 스스로 지켜야 하는 이유는 배경 때문에 만나는 인간관계란 과감하게 끊어내지 않으면 언제까지나 계속 이어지기 때문이다. 주로 '그때 도움을 많이 받아서', '좋은 고객이니까'라는 말로 설명되는 관계가 그렇다. 이런 경우 프로젝트가 끝나더라도 관계가 유지되는 경우가 많다. 결국 그러한 관계는 자신도 모르는 사이에 매몰비용이 되어 버린다.

또한 이런 식으로 인간관계를 이어가다 보면 주변에 함께 일하는 동료나 부하 직원들도 비슷한 요구를 받게 될 가능성이 크다. 결국엔 선례를 만든 장본인으로 원망을 듣게 될지도 모른다. 더 무서운 것은 그러한 인간관계에 점점 익숙해지다가 어느새 나 자신도 그러한 배경이나 타이틀을 중시하는 인간관계를 상대에게 요구하게 될지도 모른다는 사실이다.

부서가 바뀌거나 퇴직을 한 뒤 더 이상 안부를 묻지 않는 사람을 은혜도 모르는 사람이라고 비난하는 사람도 있다. 하지만 그들이 연락하지 않는 것은 당연한 일이다. 인간 대 인간으로 맺은 관계가 아니라 명함에 적혀 있는 회사 이름이나 직책과 같은, 마치 어떠한 '기호symbol'에 의해 이어져온 관계이기 때문이다. 이 책을 읽는 독자들은 절대 그런 존재가 되지 않기를 바란다.

나 역시 영업 업무를 하며 다양한 사람들을 만났다. 그리고 그중에는 자신이 영업 대상이라는 점에 우월감을 느끼는 사람도 있었다. 그 사람들도 분명 입사 초기부터 그렇지는 않았을 것이다. 자신에게 주어진 기호가 자신의 진짜 모습이라고 착각하며 생활하다 보니 정말로 기호가 되어버린 상황이다.

바로 지금이 그런 인간관계를 끝낼 절호의 기회다. 원격 근무가 자리 잡았고 생활 속 거리 두기를 하는 상황이기 때문에 지금까지 당연하게 여겼던 술자리나 회식이 많이 줄었다. '힘들게 원하는 회사에 들어가서 알게 된 사람들이니까 빠지지 말아야지' 하는 마음에 지금까지 즐겁지도 않은 술자리에 억지로 참석했는가? 이는 행복하지 않은 인간관계 속에 인생이 매몰된 상태다. 하지만 지금은 다른 선택지를 생각할 수 있는 환경이 갖춰졌다. 정말로 자신에게 무엇이 중요한지 고민해보고 '이 술자리는 나의 소중한 시간을 투자하지 않아도 되는 자리야!'라고 선택할 수 있다. 많은 직장인이 싫은데도 울며 겨자 먹기로 이어가고 있는 인간관계를 부담스럽다고 느끼고 있다. 지금을 가장 좋은 기회라고 생각하고 매몰비용이 된 인간관계를 확실하게 정리하길 바란다.

때려치우기의 기술

좋아하는지 아닌지를 기준으로 선택해도 괜찮아

일할 때 발생하는 매몰비용이 커리어를 쌓기 위해서 필요하며 어쩔 수 없다고 생각하는 사람도 많다. '일이 원래 그런 거잖아?', '직장인들이 다 그렇지 뭐'라는 말이 그렇다. '월급을 받고 있으니 좀 힘들더라도 참아야지. 먹고살아야 하니까' 이런 관점이라면 회사에서 일하는 것이 중요한 이익을 얻는 행위라고 생각할 수도 있다. 하지만 시간을 구속당하고 있으므로 이는 비용이라고 봐야 한다. 인내해서 받은 월급이나 복리후생과 인생의 시간을 별개로 생각할 필요가 있다.

어디까지나 중요한 것은 시간이고 삶의 질이다. '나의 인생이 풍요로워지는가', '좋아하는 일인가 아닌가'를 가장 중요한 기준으로 삼고 모든 일을 판단해야 한다. 연봉이나 사회적 지위와 같은 기준을 무턱대고 좇는 것이 아니라 이 일이 내 삶의 질을 높이는 데 얼마나 도움이 되는지 숙고해봐야 한다. 삶의 질을 생각하면 지금까지 월급을 받으며 일한 자신의 모습 자체가 매몰비용이 될 가능성도 있다.

이 책에서는 모두에게 그만둔다는 선택지를 고민해야 한다고 말하고 있는데 사실 자신이 과거에 해왔던 일을 이익이라고 생각한다면 그만둔다는 결단을 내리기 힘들 수 있다.

이야기가 조금 샛길로 새는 것 같지만 '곤마리 정리법'을 들어본 적 있는가? 일본의 유명한 정리 컨설턴트 곤도 마리에는 물건을 정리할 때 설렘을 판단 기준으로 삼는다고 한다. 물건을 버릴지 말지를 결정할 때 '이 물건이 나를 설레게 하는가?'라는 질문을 던진다는 것이다. 이 말을 들었을 때 나는 이러한 그녀의 생각 로직이 나의 것과 비슷하다고 느꼈다. 설렘이 삶의 질을 높이는 데에 공헌하고 있다는 의미이기 때문이다.

때려치우기의 기술

생활에 도움이 된다거나 높은 판매가와 같은 구체적인 효과와 비교했을 때 설렘을 기준으로 판단하라는 말은 추상적으로 느껴질 수 있다. 하지만 아무리 가격이 비싸고 많은 사람에게 가치를 인정받은 물건이라 하더라도 자신이 그 물건을 보고 설레지 않는다면 가지고 있어도 의미가 없다.

이미 말했듯이 나도 아직 쓸 수 있다는 생각 때문에 물건을 잘 버리지 못하는 사람이었다. "나중에 필요할지도 몰라"라고 말하며 물건을 쌓아두고 버리지 않기 위한 변명으로 삼았다. 최근에서야 겨우 그러한 속박에서 벗어났다. 그러한 과정을 거치면서 느낀 점은 과거에 그 물건과 관련해 아무리 좋은 일이 있었다고 해도 지금 그 물건을 보고 내 마음이 설레지 않는다면 매몰비용이 된 상태라는 사실이다.

마찬가지로 지금까지 한 회사에서 열심히 일해 높은 연봉을 받고 있다거나 이익을 얻고 있어도 그것은 노동의 대가(보수)일 뿐 모두 과거의 이야기다. 그보다는 지금의 내가 일을 할 때 얼마나 설레는지를 먼저 느껴야 한다. 자신이 하는 모든 일이 더 나은 인생을 위한 것인지를 판단 기준으로 삼는 편이 인생을 더 행복하게 꾸려갈 수 있고 결과적으로 주변 사람들과 좋은 관계를 맺을 수 있는 비결인 셈이다.

나라는 소프트웨어를
업그레이드할 것

결국 삶의 질을 높인다는 생각으로 자신을 근본적으로 바꾸려는 자세가 필요하다. 현대사회는 변화의 속도가 매우 빠르고 급격하다. 이와 같은 시대에 계속 같은 일을 하며 만족하는 사람은 없을 것이다. 나 역시 지금까지 기회가 있을 때마다 항상 스스로를 업데이트해야 한다는 말을 해왔다. 그런데 포스트 코로나 시대의 근무 방식이나 라이프스타일을 생각하면 이제는 업데이트 대신 '업그레이드'라는 말이 더 적절

할 듯하다. 과거의 자기 생각과 방식을 모두 초기화하고 마인드셋을 발전시켜야 하기 때문이다.

IT 관점에서 생각하면 더 이해하기 쉽다. 업데이트는 운영체제OS를 수정하거나 개선하는 일이고, 업그레이드는 OS 자체를 바꾸는 일이다. 즉 과거의 연장선상에서 '더 좋게 개선하자', '조금 더 열심히 해보자'라는 접근이 아니라 나라는 OS를 완전히 교체한다는 마음가짐으로 행동해야 한다는 말이다. 자신을 업그레이드한다는 마음가짐을 가지려면 우선 내가 다른 사람들에게 어떻게 보이는지를 파악해야 한다.

여기서 주의해야 할 점은 자신을 업그레이드하기 위해 객관적인 의견을 구하다 보면 오히려 예전으로 돌아가는 편이 낫다는 말을 듣기도 한다는 사실이다. 이는 당연하다면 당연한 이야기다. 업그레이드를 실행하기 전의 인간관계 속에서 의견을 들었기 때문이다. 이것을 나는 '타인이 내리는 매몰비용의 저주'라고 부른다. 부모님의 반대 등이 이에 해당한다.

경력 직원을 구하는 회사 입장에서 가장 최악의 시기는 언제일까? 바로 연말이다. 연말과 새해를 맞이해 온 가족이 모였을 때 이직에 대한 의견을 많이 듣기 때문이다. 평생직장이라는 개념에 더 익숙한 부모님이나 친척 어른들은 "지금 회사에 그대로 있는 게 더 낫겠어"라거나 이직에 대한 부정적인 조언을 하는 경우가 많고 이 때문에 많은 직장인이 이직을 망설이게 된다는 이야기다.

이는 농담 같지만 실제로 자주 일어나는 일이기도 하다. 지인이 예전에 내가 일했던 마이크로소프트로 이직을 결정했을 때다. 그 지인은 원래 대기업 통신사의 관계사에서 일했는데 본가에 가서 마이크로소프트라는 회사로 옮긴다고 하자 친척들이 모두 반대했다고 한다. "뭐? 마이크로소프트? 거기가 도대체 어떤 회사야?" 그러더니 "그런 들어본 적도 없는 회사로 이직하다니! 꼭 이직해야겠다면 공무원을 하는 게 낫지!"라고 타일렀다고 한다. 물론 이는 IT 계열 회사에 익숙하지 않은 어른들의 극단적인 예이긴 하지만 이러한 조언을 듣고 이직을 고민하게 될 수도 있으며 실제로 이런 경우는 꽤 많다.

자신의 선택에 확신이 없어 주변 사람의 조언을 듣고 고심하느라 시간을 낭비하는 상황은 주위에서 흔히 찾아볼 수 있다. 자신을 완전히 바꾸겠다고 힘들게 결심했더라도 변화하기 전에 맺은 인간관계에서 그 변화를 부정적으로 이야기할 가능성이 크다. 그렇다고 해서 가족이나 지인들을 멀리하라는 것은 아니다. 하지만 적어도 내 삶의 질을 높이는 데 도움이 되지 않는다고 느껴지는 말은 굳이 새겨듣지 않아도 된다. 그러한 사람들과 긴밀한 관계를 유지할 필요도 없다. 자신의 삶을 디자인하다 보면 이와 같은 인간관계의 매몰비용을 냉정하게 바라보아야 할 때가 반드시 온다.

의미 있고 행복한 인생을 보낸다는 기본 원칙에 따라 자신의 OS를 업그레이드하려면 매몰비용이 된 인간관계는 확실히 정리할 필요가 있다.

처음부터 완전히
새로운 것이란 없다

일이나 물건, 인간관계와 관련된 매몰비용은 비교적 쉽게 알아차리고 찾아낼 수 있다. 하지만 내면에 위치한 심리적 매몰비용은 자각하기 어렵다. 지금부터는 이러한 심리적 매몰비용에 대해 알아보자.

심리적 매몰비용이란 구체적으로 경험, 고집, 옛날 방식, 과거의 성공 경험, 선입견, 편견, 상식, 추억 등을 말한다. 이 중 추억은 현재 삶의 질을 높이거나 유지하는 데 필요하다면 전혀 문제될 것이 없다. 과거의 추억을 일부러 부정할 필요도 없고 좋은 추억은 그 자체 그대로 간직하면 된다. 다만, 그 추억이 과거의 성공 경험과 관계있는 경우에는 주의해야 한다. 고집이나 옛날 방식과 같은 매몰비용으로 쉽게 바뀔 수 있기 때문이다.

경험이나 고집은 언뜻 추상적으로 보이지만 사실은 구체적인 기술(노하우, 스킬)로 표현될 수 있다. 왜냐하면 우리는 특정 경험을 통해 구체적인 기술을 얻는 경우가 많기 때문이다. 그 결과 그 특정 경험에 대한 고집이 생겨버리기 쉽다. 그리고 이렇게 만들어진 고집은 성공이라는 경험을 통해 더욱 강화된다.

그런데 나는 이러한 기술이야말로 대체할 수 있는 것이라고 생각한다. 실제로 전문적이고 고도의 기술이 요구되는 의사나 약사, 법조인과 같은 직업도 기술이 진화하면 코모디티화commodity(진부화·몰개성화)되고 종국에는 AI로 대체될 것이라는 의견도 있다. 자신의 경험이나 고집을 바탕으로 고급 기술을 갈고닦더라도 결국 과거의 경험 내에서의 업데이트만 가능할 뿐 머지않아 AI에게 뒤처지게 된다는 것이다.

지금까지의 경험이 자신의 바탕이 되어줬는데 그것이 매

몰비용이라면 과연 앞으로 무엇을 기반으로 일을 해야 하는지 혼란스러워하는 사람도 있을 수 있다. 지금까지 계속해왔던 일이고 이 기술밖에 가진 것이 없다면, 혹은 다른 방법은 모른다고 생각하는 사람들은 이제 어떻게 해야 할까?

나의 대답은 기술을 감각화(센스화)해서 업그레이드해야한다는 것이다. 감각은 타고나야 한다고 생각하기 쉽지만 사실 누구나 익힐 수 있는 것이다. 자신이 가지고 있는 기술 요소를 여러 개 조합하면 된다. 게다가 정답이 없기 때문에 자신이 수긍할 만한 범위 내에서 스스로 새롭게 정의해도 상관없다. 자신의 인생을 풍요롭게 하는지를 판단 기준으로 삼고자기만의 방식으로 조합해나가면 된다.

요리를 예로 들어보자. 어느 가게를 가도 비슷한 메뉴가있기 마련이다. 하지만 여기에 약간의 기술을 조합하면 그가게만의 독창적인 요리를 만들어낼 수 있다. 이는 조리법에만 해당하는 이야기가 아니다. 접시를 선택할 때, 혹은 메뉴판에 메뉴를 적을 때에도 적용할 수 있다. 이러한 모든 요소가 모여 결국에는 그 요리사가 감각 있다는 평가를 받게 되는 것이다.

이렇게 생각해보면 세계 유일의 기술을 가지고 있는지 아닌지는 그다지 중요하지 않은 것 같다. 그보다 가능한 시야를 넓혀 나와 관계가 없어 보이는 요소까지도 다양하게 조합하는 것이 중요하다. 그러면 개성 있고 독특한 무언가를 만들어낼 기회가 늘어난다. 이렇게 자기만의 스타일을 만들어가는 것이 기술을 감각화하는 방법이다.

이러한 과정에서 "그건 ○○ 씨가 이미 했던 건데?"라든지 "○○에서 벌써 나왔어"와 같은 정보를 접하고 의기소침해져서 중단해버리는 사람도 있다. 하지만 그럴 때는 "아, 그래?" 하고 무시하는 게 좋다. 몇 가지 기술을 조합해 가지고 있는 것만으로도 나의 희소성은 높아지기 때문이다. 설령 같은 일을 하는 사람이 있다 해도 그것이 일반화되었다고 볼 수는 없다. 오히려 누가 비슷한 일을 나보다 먼저 시작했다면 그것을 참고해서 내가 하고 싶은 일에 더 빠르게 가까워질 수 있다.

예를 들어 눈앞에 밥, 계란, 간장이 있다고 해보자. 그때 A가 간장계란밥을 만들고 '이것은 인류 최고의 발명일지도 모른다!'라며 그 아이디어를 사람들 앞에서 발표했다. 하지만 이내 A는 이 세상에 이미 간장계란밥이 존재한다는 사실을 알게 된다. 그렇더라도 A의 발견이 가치 없다고 생각하지 않는다. 거기에 다른 기술을 또 추가하면 되기 때문이다. 세 가지 요소를 조합한 간장계란밥이 이미 있다면 다음은 간장계란밥을 하나의 요소로 생각하고 거기에 더해 김이나 파 등을 넣어본다. 그러면 완전히 새로운 조합이 탄생한다. 이러한 조합을 계속 반복하면 누구든지 기술을 감각화할 수 있다. 이렇게 시행착오를 겪다 보면 환상의 조미료를 발견해 유일무이한 요리를 창조할 가능성도 열린다.

처음부터 참신한 아이디어를 떠올리는 일은 거의 없다. 다른 사람이 이미 한 일이든 아니든 신경 쓰지 말고 자신의 기술을 조합해나가는 행위가 중요하다. 계속해서 시도하지 않으면 '환상의 조미료'를 만날 기회가 찾아오지 않는다.

스킬은 쌓아가는 것이다. 이를 위해서는 자신의 경험을 동원해야 한다. 다만 이는 고집이나 옛날 방식, 과거의 성공 경험에 얽매여 간장계란밥 단계에서 생각을 멈추는 것과는 완전히 다르다. 오히려 자신이 가지고 있는 기술을 두세 개 조합하는 단계에서부터 그 위에 또 무엇을 새롭게 더할 것인가 고민하고 다양한 시도를 하는 것이다. 이 도중에 겪는 시행착오가 기술을 감각화하는 과정이다.

자신의 모든 경험은 의미 없이 사라지지 않는다. 경험을 통해 얻은 기술을 다양하게 조합해보면 자신의 독창성을 더욱 부각시킬 수 있다. 그것이 바로 나만의 감각이 된다.

나만의 '명란파스타' 레시피를 고민하라

내가 나름대로 조합한 기술은 나만이 가진 고유한 능력이 된다. 이것이 바로 감각이다. 하지만 그렇다고 해서 처음부터 기술 조합을 전제로 생각하면 오히려 사고가 편협해지고 길을 잃을 수도 있다. 조합해서 성공할 수 있을지 알 수 없는 요소들을 시도하기 때문에 혁신이 되는 것이다.

'명란파스타'를 떠올려보자. 이탈리아 음식인 파스타에 동양의 식재료인 명란젓과 김, 간장을 조합했더니 완전히 새로운 방식의 음식이 탄생했다. 물론 처음부터 이러한 조합을 염두에 두고 각각의 음식을 만들지는 않았을 것이다. 하지만 이러한 우연한 조합을 통해 완전히 새로운 음식이 탄생했다.

　만약 처음부터 조합을 고려했다면 평범한 파스타가 탄생했을지도 모른다. 아무리 파스타를 잘 만들고 토마토나 올리브를 재배하는 기술이 좋다고 한들 그 발상이 이탈리아 요리의 틀을 벗어나지 못했을 수도 있다는 말이다. 식재료나 요리 기술을 포함한 모든 요소가 최고 수준이라면 이야기가 달라질 수는 있다. 하지만 이는 엄연히 다른 영역이다. 만약 다른 요소가 모두 평범한 수준이라면 아무리 열심히 조합하더라도 흔해빠진 음식이 되어버릴 가능성이 매우 크다. 제면 방식이나 토마토 재배법이 매우 특별한 기술이긴 하나 안타깝게도 많은 사람이 이러한 것에는 크게 주목하지 않는다.

　처음부터 A 기술과 B 기술을 조합하겠다는 생각으로 시작하면 결과는 의외로 평범해지기 쉽다. 그럼 어떻게 하면 좋을까? 자신의 시야를 최대한 넓혀 완전히 다른 것을 과감하게 선택해서 조합해야 한다. 무엇을 기준으로 선택해야 할지 판단이 어려울 수도 있다. 그때는 자신이 좋아하는 것을 선택해서 조합하면 된다.

'나는 이게 정말 좋아!'

'생각만 해도 두근거려'

이런 생각이 드는 요소를 기술이라 정의하고 자유롭게 조합하다 보면 나만의 혁신을 이룰 수 있다.

게다가 자신이 좋아하는 일이니까 생각대로 잘되지 않더라도 괴롭기보다는 즐거운 작업이 될 가능성이 크다. 이것이 인생을 행복하게 만드는 업무 방식이다. 기술을 조합해 독창적인 것을 만들어내고 감각을 키워 승부하기 위해서는 내가 좋아하는 것이 다양해야 한다는 점을 평소 의식하고 미리 준비해야 한다.

솔직함이라는
그 엄청난 매력

이렇게 말하면 "무슨 말인지는 알겠는데 나는 대단한 기술도 없고 조합해보려고 해도 잘 모르겠어"라며 침울해하는 사람도 있다. 이들이 실망하는 이유는 스스로 무엇을 좋아하는지 모르기 때문이다. 자기 분석이 되지 않았거나 단순히 자신감을 잃어버린 상태일 수도 있다. 그때는 (물론 절대적인 해결책이 될 수는 없겠지만) 잘되지 않는다는 사실을 역으로 이용하는 방법을 생각해야 한다.

많은 기사와 책 등에서는 '잘하는 방법'만을 가르쳐준다. 지금 고전하는 사람들이 어떤 어려움을 겪고 있는지 그 과정은 보여주지 않는다. 그러한 콘텐츠는 아무도 원하지 않는다고 생각하기 때문이다. 또는 단순히 공개하기 부끄러운 경험이라고 여기거나 무능하다는 평가를 받을까 봐 두려워하기도 한다.

하지만 생각해보면 성공하지 못한 방법은 모두가 반면교사로 삼을 수 있는 귀중한 경험이기도 하다. 나는 오히려 그런 부분을 콘텐츠화해도 좋다고 생각한다. 지금 일이 잘 안 풀리니까 도와달라고 조언을 구하는 콘텐츠도 좋지만 지금 어려움을 겪고 있는 상황을 담담하게 담아보는 것이다.

만약 지금 하는 영업 업무가 원하는 대로 잘되지 않는다면 성공하지 못한 영업 사원을 위한 커뮤니티를 만들어도 좋다. 조언이나 가르치는 듯한 태도는 배제하고 왜 내가 성공하지 못했는지 현실적인 이야기를 바탕으로 담백하고 솔직한 글을 쓰는 커뮤니티(게시판)를 만들면 꽤 수요가 있을지도 모른다.

내가 운영하는 온라인 사이트에서 "왜 프레젠테이션을 힘들어하나요?"라는 질문을 한 적이 있다. 그러자 답변은 크게 두 가지로 나뉘었다. 첫 번째 대답은 "그냥 프레젠테이션이라는 말만 들어도 긴장한다"는 것이었다. 나머지 다른 대답은 "프레젠테이션을 못한다고 다른 사람들이 생각할까 봐 겁난다"였다. 나는 이 조사를 통해 많은 사람들이 타인의 시선을 엄청나게 신경 쓴다는 사실을 체감하게 되었다.

이처럼 다른 사람들에게 못한다는 평가를 들을까 봐 겁내는 사람이 많다면 반대로 한번 생각해보자. 다른 사람들이 부정적으로 볼 만한 요소가 오히려 많은 사람의 공감을 얻을 수 있다.

성공하지 못하고 실패만 반복하는 사람이 "난 안 돼"라며 낙담했을 때 사람들은 주로 "분명 잘될 거니까 조금만 더 힘내!"라는 위로를 건넨다. 하지만 지금은 자유롭게 콘텐츠를 만들고 정보를 공유할 수 있는 세상이다. 그러니 오히려 성공하지 못했다는 사실을 긍정적으로 받아들여도 된다. '다행이다. 실패는 했지만 귀중한 콘텐츠가 생겼다'라고 생각을 바꾸는 것이다. 다른 사람이 어떻게 볼지는 일단 고민하지 말고 이러한 경험이 자신에게 도움이 된다고 믿으면 된다.

앨런 피즈와 바버라 피즈의 저서 《평생 써먹는 대인관계의 기술 *People Skills For Life*》에 따르면 인간의 가장 깊숙한 곳에는 자신이 소중한 존재이길 바라는 마음이 있다고 한다. 즉, 자신이 중요하지 않은 존재로 비칠 만한 정보를 이야기할 때는 누구나 용기가 필요하다. 그렇지만 우리 인간에게는 남에게 무언가를 받으면 자신도 보답하고 싶다고 느끼는 심리적 욕망이 있다. 예를 들어 자신이 어려움을 겪고 있는 일을 공유하면 그것을 본 사람도 자신의 실패담을 공유하고 싶어진다는 의미다.

자신을 솔직하게 보여주면 그 사람 주변에는 같은 생각을 하는 사람들이 모이게 된다. 결과적으로 더 폭넓은 관점에서 자신을 바꾸는 계기나 힌트를 찾아낼 수 있다.

자신을 업그레이드하는 일은 자신이 가장 부끄러운 부분, 보여주기 싫은 부분도 과감하게 드러내야 하는 작업이다. 처음 시작할 때는 용기가 필요하지만 요즘에는 여러 분야에서 자신을 드러내는 일을 긍정적으로 받아들이는 분위기로 바뀌고 있다. 과감하고 솔직하게 자신을 보여줘도 괜찮은 시대가 되었다. 자신의 시행착오 과정을 모두 공개하는 것도 자신만의 콘텐츠를 만드는 효과적인 방법임을 기억하자.

그만두지 못하는 것은
인생의 낭비

또 한 가지, 자신을 업그레이드할 때 점검해야 하는 요소가 있다. 그것은 '지금 하는 일이 나에게 맞는지' 확인하는 일이다. 조금 냉정하게 들릴 수 있지만 맞지 않는 일을 지속하는 것은 전형적인 매몰비용이다. '이 회사에 힘들게 들어왔으니까 계속 열심히 해야 해'라는 생각에 매몰되어버린 상태다. "중간에 포기하고 다른 일을 한다고 잘될 리가 없어"라는 말도 자주 한다. 하지만 이는 근거가 없는 주장이다.

스포츠 세계에서는 감독이나 소속팀이 바뀌자마자 새로 태어난 것처럼 대활약하는 선수가 많다. 지금 머무르는 장소에서 반드시 재능을 꽃피우지 않아도 된다. 그리고 실패 경험이 있다는 사실 자체가 하나의 큰 자산이 될 수 있다. 실패 경험을 밑거름 삼아 다음 단계로 가볍게 넘어가면 된다. 적성에 안 맞는 영업 일을 계속하다가 크게 실패했지만 그 경험을 살려 활약하는 인사 컨설턴트도 많다.

이 말은 내가 기회가 있을 때마다 여러 번 했던 말인데 나는 엔지니어로 일할 당시 존재감이 없었고 눈에 띄는 활약도 하지 못했다. 하지만 프로그래밍을 했던 경험을 살려 IT가 가진 가치의 본질을 전하는 IT 컨설팅 쪽으로 직무를 바꾸었고 결국 살아남을 수 있었다. 적성에 맞지 않는 엔지니어 일을 계속했다면 분명 매몰비용을 떠안고 회사나 상사에 대해 불평불만만 쏟아내고 있었을 것이다.

내가 엔지니어 업무를 포기했다고 생각하는 사람도 있을 수 있다. 하지만 나는 포기한 것이 아니다. 계속하지 못했을 뿐이다. 대신 착안점과 업무의 중심축을 바꾸고 지금까지 엔지니어 일을 하며 쌓은 경험을 조합해나가기 시작했다. 업무의 중심축을 바꿔서 IT 컨설턴트가 되고 보니 이 일이 나에게 더 잘 맞는다고 느꼈고 계속하고 싶다는 마음이 들었다. 기술을 조합할 때 내가 어떤 사람이 되고 싶은지 그려보고 지금 자신이 설레는 일을 생각하면 아이디어가 쉽게 떠오를 것이다. 경험은 물리적인 공간을 차지하지 않기 때문에 하나의 기술로서 언제 어디서나 자유롭게 활용할 수 있다.

실제로 지금은 아무도 내가 무능한 엔지니어였다는 사실을 신경 쓰지 않는다. 엔지니어로 일했을 때 이야기를 하면 반응은 크게 세 가지로 나뉜다. "그런 시절이 있었군요!"라며 놀라거나 "에이, 설마요"라며 믿지 않거나 "그래도 프레젠테이션은 잘하시잖아요"라며 대수롭지 않게 여긴다.

사람들은 의외로 다른 사람을 크게 신경 쓰지 않는다. 이것이 내가 자신을 적극적으로 드러내자고 말하는 이유 중 하나다.

'당연히 이래야만 해'라는 저주

이제 심리적 매몰비용 중 선입견, 편견, 상식에 대해서도 살펴보자. 내가 절대 사용하지 않으려고 노력하는 말이 있다. '이래야 한다'라는 말이다. 이 말을 하는 순간, 우리 앞에는 선택지가 하나밖에 남지 않는다.

'이래야 한다'라는 말을 사용하더라도 여전히 유연한 사고를 할 수 있는 사람도 있다. 하지만 대부분 '이래야 한다'를 강조한 순간 사고가 멈추고 그 이외의 선택지를 '해서는 안 되는 것들'로 여기고 만다. 대신 이 말을 '~하는 편이 좋다'로 말하면 여러 선택지가 자연스럽게 눈에 들어온다. '말이 사람을 만든다'라고 할 정도로 말의 힘은 강력하다. 이 점을 잊지 말고 자신의 사고나 행동을 제한하는 말은 사용하지 않는 습관을 기르는 것이 중요하다.

게다가 '이래야 한다'는 말은 선입견이나 편견으로 연결되기 쉽고 과거로부터 이어져온 상식을 무의식적으로 따르게 만든다. 2008년 베이징올림픽 유도 남자 100킬로그램 초과급에서 금메달을 획득한 종합격투기 선수 이시이 사토시 선수에게 일어난 일이 그 사례다. 일본 유도계에는 "한자로 쓴 유도柔道와 알파벳으로 쓴 유도JUDO는 다르다"라고 말할 정도로 깨끗한 한판 기술로 거둔 승리만을 인정하는 분위기가 여전히 존재한다. 그러한 관점에서 이시이 선수는 유도계에서 별로 환영받지 못하는 선수였다. 그는 포인트를 차곡차곡 쌓아서 이기든 한판승으로 이기든 승리하는 것이 중요하다고 생각했기 때문이다. 그래서 올림픽 금메달 획득이라는 업적을 이루어냈음에도 불구하고 이는 유도가 아니라는 비판을 받았다.

하지만 나는 이러한 분위기에 "규정에 따라 올림픽에 출

전했고 선수에게 중요한 것은 기회가 있을 때 금메달을 따는 일 아닌가요?"라는 질문을 던지고 싶다. 만약 이시이 선수가 '유도란 이래야 한다'는 생각으로 한판승만을 목표로 경기를 하다가 3회전에서 패했다면 엄청난 비난을 받지 않았을까? 어차피 둘 다 비난의 대상이 된다면 '결과가 좋은 편이 더 낫지 않나?'라는 모순에 빠지게 된다.

더욱이 요즘은 유도가 세계적인 스포츠가 되었고 선수들에게 메달을 목에 거는 일이 매우 중요한 목표가 되었다. 그런데도 일본의 유도계는 '깔끔한 한판으로 금메달을 따야 한다'라는 다소 무리한 목표를 강요하고 있다. '이래야 한다'의 전형적인 폐해가 아닐까. 물론 둘 다 만족시킨다면 엄청난 지지를 받겠지만 둘 중 하나라도 만족시키지 못하면 철저하게 외면당하는 것이 현실이다. 실제로 금메달을 획득했음에도 한판승을 해내지 못했다고 이시이 선수가 비난 받지 않았는가.

편견이나 상식뿐만 아니라 과거의 성공 경험도 이러한 비난에 영향을 미친다. 일본 유도가 아직 세계적인 스포츠로 자리 잡기 전에는 압도적인 실력 차로 한판승을 거두는 경우가 많았다. 하지만 이러한 성공 경험에 지나치게 집착한 나머지 '깨끗한 한판 기술로 승리를 거두는 것만이 진정한 유도다'라는 가치관을 강요하는 상황에 이르렀다.

이는 비단 스포츠만의 이야기가 아니다. 비즈니스를 할 때도 마찬가지다. 아무리 과거에 성공했던 경험이 있다고 하더라도 시대가 달라져 변화해야 하는 상황이라면 근본적인 가치관을 바꾸어야 한다. 그러지 않으면 편견과 상식에 집착하며 누구를 위해 싸우고 누구를 위해 일하는지 알 수 없는 상태가 된다. 그 결과 또한 비참해질 수밖에 없다.

비즈니스를 하는 사람 중에도 '원래 이렇다', '반드시 이래야 한다'와 같은 고정관념에 사로잡힌 사람이 있다. 하지만 팬데믹 이후에는 지금까지의 상식이 근본적으로 통하지 않게 되었고 변화하지 않는 과거의 비즈니스 모델이 절대 좋은 평가를 받을 수 없다는 사실은 누구나 알고 있다. 마이크로소프트 CEO 사티아 나델라 Satya Nadella는 이전에 이런 말을 한 적이 있다.

우리 업계(IT)는 전통을 존중하지 않는다. 혁신만을 존중할 뿐이다.

이는 IT 분야에서는 전통, 즉 예전부터 그랬다는 과거의 경험만으로는 존중받을 수 없다는 의미다. 물론 과거의 전통을 무조건 비난해서도 옳지 않다. 하지만 급속도로 변하는 기술 산업 업계에서는 '전통이니까 존중하자'라는 생각을 가지면 그만큼 시대의 흐름에 뒤처지게 되고 정체된다는 경고의 메시지이기도 하다.

항상 혁신을 추구한다는 마음가짐을 가져야 한다. 이것이 일에서뿐만 아니라 나를 업그레이드시키는 데 필요한 사고이자 자세다.

내가 통제할 수 있는 일에
집중할 것

마지막으로 심리적 매몰비용 중 많은 사람이 겪고 있는 불안에 대해서 다루려고 한다. 불안이라는 감정에 휘둘리지 않기 위해서는 '중요하면서도 스스로 통제 가능한 부분'에 집중해야 한다. 통제할 수 없는 일에 휘둘리기 때문에 불안을 느끼고 그것이 매몰비용이 되어 자신을 괴롭히기 때문이다. 특히 코로나19가 확산된 후 자신의 미래나 일에 대해 고민하고 불안을 느끼는 사람들, 특히 세계 경기에 대해 걱정하는 사람들이 늘고 있다.

세계 경기를 걱정하는 일과 자신의 인생에 대해 고민하는 일은 완전히 다르다. 세계 경기는 비유하자면 날씨와 같다. 비가 많이 내린다고 해서 나의 인생이 끝나지는 않는다. 그러므로 날씨는 날씨고, 경기는 경기일 뿐이다.

나는 뉴스픽스NewsPicks가 운영하는 프로젝트형 교육 시스템인 뉴스쿨NewSchool에서 팀 매니지먼트에 관한 강의를 한 적이 있다. 그때 특히 강조한 것이 앞서 말했던 통제 가능한 일에 집중하라는 말이었다. 이는 분노 매니지먼트(분노라는 감정을 잘 다스리기 위한 심리 트레이닝) 기본 개념이기도 하다. '중요하고 통제 가능한 일'에 자원을 집중하는 것이 매니지먼트의 원래 역할이다.

통제할 수 없는 일에 자원을 사용하면 비용이 된다. 조금 더 냉정하게 말하자면 낭비다. 그 부분에 집중해서 소득을 얻을 수 있다면 상관없다. 하지만 세계 경제를 걱정한다고 해서 이를 통제할 수는 없다. 개인의 인생이 경제의 영향을 받지 않는다는 의미가 아니다. 다만 그 영향을 걱정하는 것은 바보 같은 일이라는 말이다.

반복해서 말하지만 스스로 통제할 수 있으면서 중요한 부분에 집중해야 한다. 통제할 수 있는 일도 경제의 영향을 받아 통제가 힘든 상황이 될 수 있다고 생각하는 사람이 있을지도 모르겠다. 하지만 그런 상황에서도 '나의 행동을 바꾸면 통제할 수 있지 않을까?', '나의 삶의 질을 높이기 위해 무엇을 할 수 있는가?'와 같은 사고와 선택이 중요하다.

빌 게이츠Bill Gates는 1981년 다음과 같은 예언을 했다고 한다. "컴퓨터는 미래에 640킬로바이트 이상의 메모리는 필요로 하지 않을 것이다." 약 40년 전, 빌 게이츠는 640킬로바이트의 메모리가 있으면 무엇이든 할 수 있다고 단언했다. 그런데 지금은 64기가바이트 메모리도 클릭 몇 번만으로 손쉽게 손에 넣을 수 있는 세상이 되었다. 빌 게이츠가 발언한 당시에는 컴퓨터의 메모리 용량이 64킬로바이트인 경우가 매우 드물었으며 매우 고가였다. 그래서 그는 그 10배의 메모리가 있으면 충분하다고 생각한 것이다.

빌 게이츠가 컴퓨터에 대해 잘 몰라서 이렇게 예측했다는 말을 하려는 것이 아니다. 그 누구라 하더라도 미래에 대한 예측은 빗나갈 수 있다는 말이다. 당시 컴퓨터 업계 일선에서 대활약하던 사람조차도 자신의 분야에서 잘못된 예측을 했다. 이 점을 생각하면 경기 동향을 비롯해 통제할 수 없는 일 때문에 느끼는 불안이 큰 의미가 없다는 나의 말이 더 잘 이해될 것이다.

미래 예측은 관련 전문직 종사자가 업무상 필요해서 하는 일에 불과하다. 나도 어느 정도 자신감을 갖고 향후 경기 예측을 하고 있지만 그 예측이 적중하는지 여부는 크게 신경 쓰지 않는다.

'그건 당신이니까 할 수 있는 일'이라고?

지금까지 심리적 매몰비용을 없애는 데 필요한 것들에 대해 설명했다. 그동안 동일한 주제로 여러 곳에서 이야기했는데 그때마다 사람들에게 들었던 말이 있다. "사와 씨니까 가능한 얘기죠." 그런 말을 들으면 나는 항상 이렇게 되물었다.

"○○ 씨는 시도해본 적 있나요?"

그러면 "시도했다가 실패하면 어떡해요? 누가 책임지죠?"라는 말이 돌아오곤 한다. 여기서 내가 가장 의아한 점은 왜 사람들은 시도하라는 나의 말을 듣고 생명줄도 없이 갑자기 절벽에서 뛰어내리는 상황을 떠올리냐는 것이다. 이는 불안이라는 매몰비용에 파묻힌 상태라고 할 수 있다.

그렇다면 구체적으로 어떻게 해야 할까? 모 아니면 도라는 생각으로 풀스윙을 하는 것이 아니라 조금 소극적으로 배트를 휘둘러도 된다. 돌아갈 장소를 마련해두고 일이 잘 안 풀렸을 때는 돌아가면 된다. 준비되지 않은 채 갑자기 절벽 너머 희망으로 가득 찬 새로운 길을 향해 전속력으로 도약했다가 그 반대편에 닿지 못하면 그 끝은 나락으로 떨어지는 길밖에 없다. 이러한 상황을 떠올리면 불안해지는 것이 당연하다.

주변을 두리번거리며 다리를 찾아보거나 조금 돌아가더라도 건너편으로 갈 수 있는 길이 있는지 탐색해보자. 아니면 누군가 편리한 교통수단을 빌려줄지도 모르니 주변을 돌아다녀 보기도 한다. 침착하게 생각해보면 절벽을 향해 무턱대고 도약하는 방법 말고도 다른 방법이 있기 마련이다.

다만 한 가지 지켜야 할 일이 있다. 반드시 도전해야 한다는 점이다. 야구 배트든 골프 클럽이든 테니스 라켓이든 상관없으니 휘둘러보자. 그저 공을 지켜보기만 할 것이 아니라 소극적이더라도 공을 치는 일에 집중해야 한다. 가만히 서서 고민만 하지 말고 작은 걸음이라도 조금씩 앞으로 나가는 것이 중요하다.

가능한 일부터 시작하면 된다. 자신이 지금까지 해보지 않았던 방식으로 도전해보길 바란다. 이때 앞서 말한 대로 "그거 이미 다른 데서 한 거 아닌가?"라는 반응이 돌아오는 경우도 많다. 하지만 아무 상관이 없다. 그 사람과 나는 다르기 때문이다. 내가 처음 시도하는 일이라면 무엇이든 괜찮다. 과거와는 다른 도전이 변화의 시작이다.

불안을 느낄 때 많은 사람이 주저하며 자신감 없이 행동한다. 반대로 무모한 도전을 해서 자신을 궁지에 몰아넣는 경우도 있다. 방법이 무엇이든 과거와는 완전히 다른 방식으로 소심하게나마 도전해보는 것이 좋다.

자신이 실제로 경험해야만 알 수 있는 일도 있다. 그리고 소심한 도전을 반복하면서 얻는 경험은 모두 나만의 신선한 1차 정보가 된다. 그것은 어떤 기사나 정보를 통해서도 얻을 수 없는 최고의 정보다. 때로는 실패할지도 모르지만 그런 경험도 많은 사람과 공유하면 공감을 얻는 콘텐츠가 될 수 있다. 콘텐츠로 공개하지 않더라도 그러한 자신의 실패 경험이 다음 도전에서는 성공의 밑거름이 될 수 있다.

생각보다 더 대단한
상상의 힘

작은 도전을 위한 첫걸음을 쉽게 내딛지 못하는 이유는 자신을 긍정적으로 신뢰하지 못하기 때문이다. 나는 다행히 '죽을 만큼 힘들어도 죽지는 않는다'라는 생각을 확신할 만한 경험이 여럿 있다. 과분한 자리에서 강연하거나 정말 유명한 사람과 함께 일하면서 실수를 저지르기도 했지만 돌이킬 수 없는 큰 사고를 친 적은 없었다. '그래도 죽으라는 법은 없구나. 어떻게든 된다'라고 느낄 만한 경험을 쌓을 기회가 많았다. 나는 원래 열등감에 사로잡힌 사람이었는데 이러한 경험이 축적되면서 나 자신을 조금씩 긍정적으로 바라보게 되었다.

다만, '한다'와 '하지 않는다'라는 선택지가 있을 때는 반드시 '한다'를 선택했다. 이를 행동을 위한 효과적인 지침으로 삼았으면 한다. 이는 '기회'를 어떻게 생각하는지와도 연관이 있다. 기회를 살리려면 우선 순발력이 중요하다. 무조건 바로 반응해야 한다. 기회는 빠르게 도망가는 성질이 있기 때문에 기회가 가까이 왔다 싶을 때 즉시 순발력을 발휘해 빛과 같은 속도로 거머쥐어야 한다.

'아니야, 아무래도 아직 불안해. 확신이 없어'라고 생각하는 마음도 충분히 이해한다. 아무런 마음의 준비 없이 무작정 뛰어드는 일은 누구에게나 쉽지 않다. 그러한 선택은 그저 무모한 도전으로 그칠 수도 있고 치명적인 실수로 이어질 가능성도 있다. 하지만 내가 말하고자 하는 이야기는 무작정 달려들라는 것이 아니라 기회가 왔을 때 빠르게 거머쥐는 순발력을 발휘하기 위한 '준비'가 필요하다는 것이다.

그 준비는 자격증 시험 대비나 책상에 앉아서 하는 공부와는 성질이 조금 다르다. 그렇다면 무엇을 준비해야 할까?

바로 끊임없이 상상하는 일이다. 갑자기 눈앞에 내가 좋아하는 배우가 나타나 말을 건다고 상상해보라. 도대체 무슨 말을 해야 할까? 이러한 종류의 상상이라도 자주 해봐야 한다. '그런 꿈 같은 일이 실제로 일어날 리가 없잖아', '너무 바보 같아'라고 생각하는 사람일수록 실제로 그러한 상황이 발생했을 때 아무것도 해보지 못하고 기회를 놓칠 수 있다. 반면에, 미리 상상하고 머릿속으로 그려봤던 사람은 이런 일이 실제로 일어나더라도 당황하지 않고 하고 싶은 말을 할 수 있다. 이것이 기회 활용의 본질이다.

어떤 상상을 해도 상관없지만 즐겁고 긍정적인 일이라면 더욱 좋다. '이런 일이 일어나지는 않겠지만 만약 일어난다면 난 이렇게 행동할 거야!'라고 미리 생각해두면 그와 비슷한 상황이 발생했을 때 다른 사람과는 달리 순발력을 발휘할 수 있다. 그렇게 기회를 잡는 것이다. 실제로 기회가 왔을 때 "그래, 해보자!", "좋습니다. 제가 하겠습니다"라고 할 수 있도록 미리 준비해두면 항상 '한다'를 선택할 수 있다.

어린 시절에는 누구나 다양한 상상을 한다. 사춘기 때 자주 하는 삐딱한 행동이나 말, 생각을 일컬어 '중2병'이라고 비하하기도 하는데 나는 중2병이 누구에게나 꼭 필요하다고 생각한다. 아이들은 대부분 못한다는 말을 하지 않는다. 못한다는 생각이 자리 잡게 되는 이유는 어른들이 아이들에게 획일화된 교육을 강요하며 자기들 마음대로 정해놓은 틀에 가두고 다른 사람과 비교하면서 '너는 위, 너는 아래'와 같은 의식을 심어주기 때문이다. 그렇게 아이들 모두가 원래 자신에 대해 가지고 있던 건강한 자신감을 점점 잃어버린다.

변화의 시작은
빠르게 결정하는 것부터!

요즘 같은 시대에 일을 잘하는 사람이란 '무언가를 할 수 있는 사람'이 아니라 '그만둔다는 결정을 빠르게 내릴 수 있는 사람'이다. 사실은 예전부터 그랬고 그러한 경향은 더욱 강해질 것이다.

코로나19가 퍼지기 시작했을 때 출퇴근을 하지 않고 빠르게 재택근무를 도입하는 등 지금까지 해왔던 방식을 과감히 그만둔 회사는 어렵지 않게 새로운 체제로 전환하여 살아남았다. 반면 옛날 방식이나 오래된 상식을 고집하던 회사는 여러 방면에서 비용을 허비하고 기술 모델도 제때 혁신하지 못해 뒤처지고 말았다.

조직과 마찬가지로 개인도 앞으로는 빠르게 그만둔다는 결정을 내리는 일이 매우 중요해질 것이다. 그만둔다는 결단을 좀처럼 하지 못하는 사람도 많은데 나는 이직에 대해 조언할 때 항상 "처음부터 사력을 다하지 않아도 된다"고 말한다. 처음부터 온 힘을 다해 전력투구하기가 두렵다면 조금씩 해나가면 된다. 주말에 혼자 새로운 도전을 해보거나 다른 회사나 조직 업무를 경험하면서 조금씩 새로운 일을 시작해보는 것이다.

정말 일을 잘하는 사람은 곧바로 새로운 일을 할 수 있는 사람이다. '여기를 그만두고 저기로 가자'라고 바로 판단할 수 있는 사람은 결과적으로 시간을 효율적으로 활용하고 동시에 새로운 환경에서도 최선을 다해 결과물을 만들어낸다. 시간과 에너지를 낭비하는 일이 없다. '나에게 맞지 않는 일이야', '이건 안 돼'라는 생각이 든다면 바로 다음 선택을 해야 한다. 빠르게 생각을 전환할 수 있는 사람이 어디에서나 성과를 낼 수 있다.

물론 생각의 전환이 빨랐어도 모든 일을 다 실패한다면 그것은 단순히 실패의 사슬을 끊지 못하고 있을 뿐이다. 우선 자신에게 잘 맞고 성과를 낼 수 있는 분야를 찾아야 한다. 성공 확률이 높은 사람은 이른바 '연쇄 창업가'라고 불리는 사람으로 잇달아 창업을 하고 계속해서 성공을 거둔다. 그 사람들을 처음 보면 뭘 해도 그냥 잘되는 사람처럼 보일지도 모른다. 하지만 실제로 만나보면 그들은 모두 빠른 상황 판단을 통해 실패할 것 같으면 그만둔다는 선택을 하는 사람들이었다.

내가 하고 싶은 말은 처음부터 되돌릴 수 없을 정도의 도전은 하지 말라는 것이다. 자신이 지금 활용할 수 있는 기술을 가지고 소소한 실험을 반복한다는 마음으로 조금씩 하고 싶었던 일에 도전해보면 된다. 이는 매몰비용을 없애는 과정에도 포함된다. 구체적인 방법은 3장에서 소개하겠지만 변화하고 싶다면 우선 무언가를 그만두는 것이 가장 쉬운 방법이다. 사고나 행동을 바로 긍정적으로 바꿀 수 있으면 좋겠지만 쉽지 않은 일이다. 변화를 위한 계기가 필요한 사람은 지금 자신에게 불필요한 것을 하나라도 그만두는 일부터 시작해보면 어떨까. 그만두면 필연적으로 변화가 생긴다.

크게 바뀌지는 않겠지만 적어도 '그만두었다', '나는 바꾸었다', '스스로 바꾸었다'라는 자신감이 분명 남는다. 그런 긍정적인 감정이 지금까지 안고 있었던 매몰비용을 줄이는 데에 도움이 된다. 무언가를 그만두고 자신의 매몰비용을 스스로 없애는 과정이 자신을 변화시키는 가장 중요한 첫걸음이다.

때려치우기 위한
두 번째 기술:
안 되면
되는 거 해라!

상대가 원하는 것이 아니라 '내'가 원하는 일

2장에서는 내가 여러 곳에서 강조했던 '자기중심 전략'을 키워드로 삼고 정답이 없는 시대를 의미 있게 살아가는 방법을 살펴보자.

나는 2020년 회사를 그만두고 독립한 이후 다양한 활동을 하고 있다. 하지만 여전히 많은 사람들이 나를 '프레젠테이션'이라는 키워드로 기억한다. 다만 앞서 말했듯이 기술은 반드시 상품화되며 대체 가능해지기 때문에 나중에는 모두 평범해져버린다. 기술을 갈고닦아야 한다는 말을 자주 하지만 일단 기술은 이미 확립된 세계 속에서 연마하는 것이라는 사실을 인식할 필요가 있다.

예를 들어 야구의 타격 기술을 향상시키는 일도 야구라는 스포츠가 없다면 의미가 없다. 야구라는 세계가 확립되어 있으므로 '나무 방망이를 잘 휘두르는 기술'이 필요한 것이다. 극단적으로 말해 이 세상에서 야구가 없어지거나 즐겨 보는 사람이 급속도로 줄어든다면 타격 기술은 존재 의미가 사라진다. 또, 타격 기술을 아무리 갈고닦는다 해도 프로의 세계에서 활약할 수 있는 선수의 수는 일정하다. 프로 세계에서 활약하려면 타격 기술뿐만 아니라 자기만의 감각도 필요하다.

프레젠테이션도 마찬가지다. 나는 2019년에는 프레젠테이션을 306회 진행했다. 2020년에는 코로나19 유행으로 사람들 앞에 설 일이 거의 없어서 오프라인에서 프레젠테이션을 한 것은 겨우 10회 정도였다. 프레젠테이션을 '연단에 올라가 사람들 앞에서 대면으로 메시지를 전달하는 행위(기술)'라고 정의한다면 나는 프레젠테이션을 거의 안 한 셈이다. 물론 온라인으로는 꽤 많은 프레젠테이션을 진행했다.

코로나19 확산 초반에는 온라인 프레젠테이션 의뢰 자체가 적었지만 2020년 5월경부터 조금씩 늘어났다. 결과적으로는 2020년 한 해 동안 196회의 온라인 프레젠테이션을 했다.

그렇다면 대면으로 활발하게 프레젠테이션을 했던 사람이 모두 온라인에서도 동일하게 활동했을까? 꼭 그렇지만은 않다. 온라인으로는 환경적으로도 방법적으로도 진행이 어렵다는 사람이 꽤 많았다. 청중 앞에 서서 프레젠테이션을 할 때 사용했던 기술 중 일부를 활용할 수는 있지만 온라인과 오프라인 프레젠테이션 기술은 완전히 다르다. 코로나 이전에만 통용되는 기술을 가지고 있던 사람은 결국 거기서 끝나버린다.

그렇다면 내가 어떻게 어려움 없이 온라인 프레젠테이션에 적응할 수 있었을까? 그 이유는 처음부터 프레젠테이션을 '팬서비스'라고 생각했기 때문이다.

팬을 만드는 일은 결국 상대의 자발적인 행동을 유도한다는 의미다. 팬은 누군가의 부탁을 받고 이벤트에 참여하거나 억지로 활동하지 않는다. 하고 싶으니까 할 뿐이다. 왜냐하면 즐거우니까. 이것이 바로 행동의 자동화다. 나는 지금까지 오롯이 팬에게 서비스한다는 마음으로 프레젠테이션을 해왔다. 그 결과 아웃풋은 따지지 않게 되었고 온라인과 오프라인에서 모두 활용 가능한 기술을 갖출 수 있었다. 이처럼 두루두루 쓸 수 있는 방식이나 인간의 근원적인 부분을 건드리는 것, 인간으로서 중요하게 생각하는 요소는 어느 시대에나 유연하게 활용할 수 있는 기술이다.

그리고 중요한 사실은 그러한 범용적이고 본질적이며 인간에게 중요한 요소들은 개인의 자발적인 행동을 통해 발생한다는 점이다. '고객이 원하니까 이렇게 하자', '오늘은 일단 이것을 정리해서 이야기하지 뭐'와 같은 생각으로 접근한다면 언젠가 아무도 그 행동을 원하지 않게 되었을 때 할 수 있는 일이 모두 사라지고 만다.

누군가가 원하든 원하지 않든 '나는 이것을 하고 싶어! 이런 이야기를 하고 싶다고!'라는 절실한 마음이 있는지가 중요하다. 그렇게 스스로의 생각과 욕망에 더욱 집중하는 능력, 즉 '자기중심적' 감각을 기르다 보면 어떤 변화에도 어려움 없이 대처할 수 있다.

나는 사람들 앞에서 말하거나 나를 좋아하는 사람들을 위해 무언가를 하는 행위를 가장 중요하게 생각한다. 이를 표현하기 위한 수단 중 하나가 프레젠테이션이다. 팬데믹으로

때려치우기의 기술

인해 시대가 바뀌었지만 그 바탕인 팬서비스라는 개념은 변하지 않았고 형식만을 온라인에 맞게 바꾸었을 뿐이다. 그래서 현장 프레젠테이션 외에 낯설 수 있는 보이스 미디어를 통한 나의 이야기에도 많은 사람이 귀 기울여주었다. 내가 운영하는 온라인 사이트에도 200명 이상의 멤버가 항상 참여했다. 기본 핵심은 항상 동일하다는 의미다.

내 마음대로, 나만의 규칙에
맞추어 사는 것도 괜찮다

스스로의 욕망에 집중할 수 있는 사람은 앞으로 더 성장할 수 있다. 기존의 기술을 열심히 갈고닦았더라도 그것만으로 최고의 인재가 될 수 없다. 하물며 지금처럼 모든 것이 초기화되고 기존의 규칙이 다 무너진 상황에서는 활용할 수 있는 기술 자체가 존재하지 않을 가능성도 있다.

'이 기술만 있으면 된다!'라고 할 만한 것도 현재로서는 눈에 띄지 않는다. 지금껏 의지했던 기술이 너무나 쉽게 매몰비용이 되어버리는 시대다. 이럴 때 누군가가 나타나 해결책을 제시해주면 좋겠지만 그런 일은 일어나지 않는다. 스스로 생각해서 찾아내는 수밖에 없다. 지금과 같은 시대를 어떻게 나답고 재미있게 살아갈 것인가. 이에 대한 답을 스스로 찾아내야 한다. 이것이 자기중심적 감각을 키우는 일이다.

많은 사람이 게임 속 규칙을 찾는다. 야구나 축구와 같이 어떤 특정 세계 속에서 기술을 갈고닦아 플레이어로서 최고의 자리에 오르려 한다. 하지만 여기서도 매몰비용은 쉽게 발생한다. '계속 야구를 해왔으니까'라는 생각으로 지금까지 발전을 위해 노력해왔던 기술을 고집부리기 때문이다. 시대가 아무리 급격하게 바뀌어도 내가 활용해왔던 기술을 벗어나지 않는 범위 내에서만 새로운 시장을 찾는 것이다. 하지만 이는 결국 세상이나 주변 사람들의 변덕스러운 니즈에 영향을 받을 수밖에 없다.

물론 기술 중 일부는 새로운 환경에서도 충분히 활용할 수 있다. 예를 들면 야구에서 최선을 다해 달리기 훈련을 했던 사람은 기본 체력이 강하기 때문에 다른 종류의 스포츠 경기를 할 때도, 다른 업무를 할 때도 도움이 된다.

그렇지만 완전히 다른 경기를 찾아서 새로 시작하는 것은 요령이 좋다고 하기 힘들다. 반드시 기존의 시장에서 선택해야 한다는 규칙이 있는 것도 아니다. 그러니 조금 더 자기중심적이고 제멋대로인 규칙을 만들어서 살라는 제안을 하고 싶다.

모든 것이 초기화되었고 그 무엇도 확실한 성공을 보장하지 않는 시대다. 어떤 경기에 참여해도 내가 활약할 수 있다는 확신을 가질 수 없다. 이런 세상에서 살아가려면 모든 사람이 자신만의 경기를 만들어가야 한다.

내 인생이므로, 내가 이것을 좋아하므로, 또 내가 이것을 재미있어하니 이걸 하며 살아갈 거라고 생각해야 한다. 지금까지 자신이 속해 있던 장소에서 완전히 다른 장소로 순간 이동한다는 생각을 가지는 것이 중요하다. 더 자기중심적으로 내가 즐거운지 아닌지로 결정하라.

어차피 미래는
알 수 없는 것

현재 사회경제의 근본 시스템인 자본주의도 조금씩 형태가 바뀌고 있다. 가상 통화를 떠올려보자. 현대의 통화 시스템은 원래 금본위제였다. 금이라는 희소한 물질의 가치가 세계적으로 비슷하다는 전제로 금본위제라는 시스템이 만들어졌다. 다음으로 신용을 국가로 바꾼 국가신용본위제가 되었다. 이것이 현재 태환 통화의 기본 개념이다. 그리고 가상 통화는 기술신용본위제라고도 한다. '이 기술은 믿을 수 있으니 이 통화는 ○○의 가치가 있다고 판단한다'라는 개념이다. 그 기술의 바탕이 되는 것이 블록체인으로 이 기술이 있기 때문에 통화로서 신뢰할 수 있다는 말이다.

여기서 내가 하고 싶은 말은 우리가 당연하게 살아가고 있는 일상이나 자본주의 사회의 기본 바탕조차도 무엇을 신뢰하는지, 무엇이 전제 조건인지에 따라 쉽게 바뀌어버린다는 사실이다.

무엇을 신뢰하는지에 따라 규칙 역시 근본적으로 바뀐다. 국가신용본위제와 기술신용본위제는 원래 상관관계가 없다. 자본주의의 '자본'이라는 말의 정의도 지금까지의 상식과는 달라지고 있다. 과거에는 국력이나 실제 국제관계를 바탕으로 정의되었는데 사이버 세계에서는 그러한 힘의 균형이 무너지고 있다. '가치의 등가교환이 무슨 개념이었지?', '원래 가치는 누가 어떻게 정하는 거야?' 우리는 이미 이 정도 단계까지 와버린 것이다.

이와 관련해 경영학자 피터 드러커Peter Drucker는 그러한 근본적인 변화에 대한 미래 예측은 의미가 없다고 지적했다.

미래는 예견할 수 없다. 어느 정도 예측할 수 있다는 사람이 있으면 오늘 신문을 보여주고 10년 전에 어떤 것을 예측했는지 물어보면 된다.

— 피터 드러커, 《피터 드러커 - 매니지먼트*Management*》

피터 드러커의 이 책은 1973년에 출간되었다. 인터넷조차도 존재하지 않던 시절, 그는 매우 역설적이게도 미래 예측은 쓸모없다는 예측을 했다. 일단 예측을 하고 나면 사람들은 그 예측을 계획에 반영하려고 한다. 하지만 이 경영학의 대가는 그런 일은 의미가 없다고 단언한 것이다.

결국 중요한 것은 '무엇을 신뢰하며 살아가느냐'이다. 많은 사람이 기존의 상식 틀 안에서 생각하고 행동하는 상황에서 나는 무엇에 더 가치를 두고 앞으로의 시대를 살아갈 것인가? 이에 대한 적절한 답을 찾아내고 행동으로 옮긴다면 나만의 멋진 인생을 살아갈 수 있다.

하고 싶은 일을
하는 것이 나의 무기

앞서 기술이 상품화(코모디티화)한다고 말했는데 만약 자신감의 원천이 기술에 있다면 기술이 상품화함에 따라 자신감도 상품화되고만다. 조금 더 냉정하게 말하면 자신의 정체성 자체가 상품화될 수 있다.

진짜 자신감은 스스로를 믿는 일이며 상품화될 리가 없는 대상이다. 스스로의 인생을 살아가는 주체는 나밖에 없으므로 나 자신이 코모디티화되는 일은 있을 수 없다. 일단은 이

때려치우기의 기술

렇게 생각하는 것만으로도 충분하다. 그리고 이를 제대로 이해하게 되면 기존의 사고에서 벗어날 수 있다.

하지만 나는 그렇게 생각하지 못하는 사람들을 지금까지 많이 만났다. "이 다음에 필요한 기술은 무엇일까요?", "지금은 무엇을 습득해야 할까요?" 마치 무언가에 쫓기는 것처럼 조언을 구하기도 한다. 물론 오해는 없었으면 한다. 목표를 세워 공부하거나 자격증을 따려고 노력하는 사람들을 비난하려는 의도가 아니다. 이 이야기의 기본 전제는 우선 자신이 좋아하는 일이나 하고 싶은 일을 찾는 것, 이를 통해 만족스러운 삶을 보내고 결과적으로 그러한 요소가 업무에도 도움이 되는 것이 가장 이상적이라는 것이다.

나의 이야기에 동의하지 못하는 사람도 있을 수 있다. 이들은 어쩌면 본인이 현재 하고 싶은 일을 하고 있다고 생각할지 모른다. 하지만 그 내면을 잘 들여다보면 '이 기술을 활용해서 돈을 많이 벌고 싶어', '사람들이 나를 멋지게 보겠지'와 같은 생각을 하고 있을 수도 있다.

좋아하는 일을 했을 뿐인데 그것이 나의 직업으로 이어지는 상황은 큰 행운이다. 이를 있는 그대로 받아들이면 인생은 아주 즐거워질 수 있다. 하지만 여기서 더 나아가 어떻게 하면 수입을 늘릴지 고민하면 좌절하게 되는 경우가 많다.

돈이나 수입은 모두가 관심을 가지는 분야이니 조금 더 이야기해보겠다. 앞에서 팬들의 행동은 자동화되어 있다고 말한 바 있다. 돈이라는 관점에서 봤을 때도 팬은 지지하는 대상을 위해 기꺼이 돈을 지불한다. 정말 좋아하는 가수의 무대를 보기 위해, 이야기를 듣기 위해 팬들은 기꺼이 돈을 쓴다. 그 대상이 사인 용지에 이름만 써도 그 종이는 가치를 지니게 되고 팬들은 이를 얻기 위해 기분 좋게 대가를 지불한다.

하지만 팬이 아닌 사람의 입장에서 생각하면 이는 그저 이름을 써놓은 종이일 뿐이다. 관공서에서, 혹은 행정 절차를 진행할 때 이름을 써 넣는 것과 크게 다르지 않다. 게다가 이를 얻기 위해 돈을 지불하는 이는 아무도 없다. 결국 팬이라는 것은 자신의 가치를 이끌어내는 소중한 존재이고, 따라서 나의 행위를 응원하는 팬이 생긴다면 자연스레 수입도 함께 얻을 수 있다.

팬이라고 하면 대개 사람을 떠올리는데 반드시 그럴 필요는 없다. 팬은 시장일 수도 있고 시스템일 수도 있다. 월급이나 매출은 특정 시장이나 시스템에 스스로를 맞춘 대가로 얻는 것이기 때문에 군이 말하자면 이 관계에서 주체가 되는 것은 시스템이다.

지금과 같은 시대에서는 내가 좋아하는 일이나 하고 싶은 일을 하는 '자기중심적인 행동'을 수용하는 시스템이 갖춰져 있다면 그것을 더 적극적으로 활용하는 것이 좋다. '이 시스템을 활용하면 내가 하는 일이 돈이 될지도 모르겠어'라고 생각한다면 욕심을 내서 주체적으로 이용하는 방법도 있다. 게다가 인터넷을 통해 모두가 쉽게 정보를 공유할 수 있고 시스템 자체도 발견하기 쉬워졌다.

시스템이 없는 상황에서는 내가 좋아하는 일을 추구하고 수익화하기가 상당히 힘들다. 하지만 "나는 이런 일을 하고 있어!"라고 누구나 소리 높여 말할 수 있는 시대가 바로 지금이다. 돈을 번다는 관점에서 생각해도 자기중심적인 사람에게 더 좋은 환경이 갖추어져 있는 셈이다.

위대한 스티브 잡스도
단 한 명의 팬으로 시작했다

세계적인 음반 유통사 시디베이비CD Baby의 창업자 데릭 시버스Derek Sivers는 '운동이 시작되는 방법'이라는 주제로 테드TED 글로벌 강연을 진행하면서 한 동영상을 소개했다. 스타트업 기업의 바이블로도 잘 알려진 영상으로, 자신이 어떤 일을 하고 있는지 목소리를 높이는 사람 주변에 어떻게 사람들이 모이는지를 보여준다.

다음 페이지에 있는 그림을 보라. 처음에는 공원에서 어떤 사람이 혼자 옷을 벗고 춤을 추기 시작한다. 주변 사람들은 그 모습을 차가운 시선으로 바라본다(그림①). 그런데 그 사람 주변에 다른 한 사람이 다가와 함께 춤을 추기 시작한다(그림②). 나중에는 동조하는 사람이 기하급수적으로 늘어나 그 자리에 있는 사람 전체가 열광적인 분위기에 휩싸인다(그림③).

여기서 핵심은 그림②에서 따라 하는 사람이 한 명 나타났다는 점이다. 단 한 명의 추종자가 나타난 이후 여기저기서 함께 춤을 추는 사람이 순식간에 늘어났다. 이것은 사회 운동이 확산하는 메커니즘으로 사람들이 스타트업에 열광하는 모습을 정확히 표현하고 있다.

스티브 잡스Steve Jobs에게는 스티브 워즈니악Steve Wozniak이 있었고 빌 게이츠에게는 폴 앨런Paul Allen이라는 지지자가 있었다. 거기서부터 모든 것이 시작되었다. 스티브 잡스나 빌 게이츠도 결코 혼자서 사업을 시작하지 않았다. 단 한 명의 팬, 혹은 조력자가 있는지 없는지가 사업을 시작하는 데에 결정적인 역할을 한다. 이는 매우 중요한 포인트다.

이 이야기를 각자의 상황에 대입해보자. 갑자기 큰일을

시작하거나 시스템을 만들라는 말이 아니다. 작은 도전이라도 해보려는 시도가 중요하다는 의미다. 앞에서 언급했듯이 한 명의 열광적인 팬을 만든다고 생각하면 된다. 자신이 하는 일을 열광적으로 지지해주는 사람이 한 명이라도 있다면 그 후에는 지지자가 여럿으로 금방 늘어날 가능성이 있다. 사람들은 사회운동이나 혁신을 일으키는 사람이 천재일 것이라는 선입견을 품고 있다. 스티브 잡스니까 가능했던 일이라고 생각하는 것이다. 하지만 이 동영상을 보면 지극히 평범한 사람이 열광적인 반응을 일으키기도 한다는 사실을 알 수 있다.

사실 전 세계 약 78억 명의 인구 중 단 한 명과 비교하면서 "나는 안 돼"라고 말하는 것은 어불성설이다. 게다가 스티브 잡스나 빌 게이츠도 우리와 같은 인간일 뿐, 신도 외계인도 아니다. 다만 다른 사람보다 몇 초 정도 판단이 빠르거나 몇 밀리미터 정도 시야가 더 넓을 뿐이다. 단지 이러한 것들이 쌓이면서 엄청난 차이를 만들어냈다.

여러분도 이 영상을 꼭 한번 보길 바란다. 분명 힘을 얻을 수 있을 것이다. 내가 좋아하는 일을 하다 보면 분명 누군가는 그 가치를 인정해준다. 열광적인 팬이 되어주는 사람이

전 세계에 한 명은 있다. 이 사실을 깨닫는다면 내가 하고 싶은 일에 용기 있게 도전할 수 있지 않을까.

하고 싶은 일을 시도하지 못하는 이유는 쉽게 말해서 자신이 없기 때문이다. '이게 사업이 될까?', '계속한다고 해서 의미가 있을까?', '쓸데없는 일이 아닐까?', '실패할지도 몰라……'라며 시작하기도 전에 몇 번이나 자신을 부정하기 때문이다. 이는 역시 과거라는 매몰비용의 근원에 영향을 받고 있는 상태여서 그렇다.

과거에 큰 실패를 해서 그것이 트라우마로 남아 있다면 어느 정도 이해할 수 있다. 하지만 그렇지 않은데도 과거라는 매몰비용에 얽매여 있는 사람이 많다. 이들은 지금까지 받은 교육이나 환경의 영향으로 과거의 가치관에 지배되고 있는 상태다. 그러한 마인드셋이 무의식중에 자리 잡고 있는 것이다. 그래서 '힘들게 지금까지 참아왔으니까 여기서 멈추기는 아까워', '어느 정도 잘되고 있으니까 굳이 리스크를 떠안을 필요는 없지'라고 생각한다.

주어진 곳에서 커리어를 쌓는 일이 가치가 없다고 할 수는 없다. 하지만 지금 주어진 장소나 위치에 자신의 정체성을 맞추는 방식으로 계속 살다 보면 그 장소가 없어지는 순간 삶의 의미도 함께 잃게 될 위험이 있다. 그리고 실제로 지금 여러 분야에서 기존의 '장소'가 큰 소리를 내며 무너져내리고 있다.

내 공의 크기를
키우는 데 집중하라

원래 나다움이나 자신을 표현하는 감각은 인생을 살아가면서 자연스레 몸에 배는 것이다. 자신만의 독특한 경험을 통해서만 얻을 수 있는 것이기 때문에 책상 앞에 앉아서 공부한다고 생기지 않는다. 앞에서 이야기했던 작은 도전을 하는 과정에서 이러한 감각도 함께 얻을 수 있다. 아무리 사소한 일이라도 스스로 이룩한 자신만의 성과는 모두 그 사람의 감각으로 만들어내는 것이다. 반대로 다른 사람이 쉽게 따라

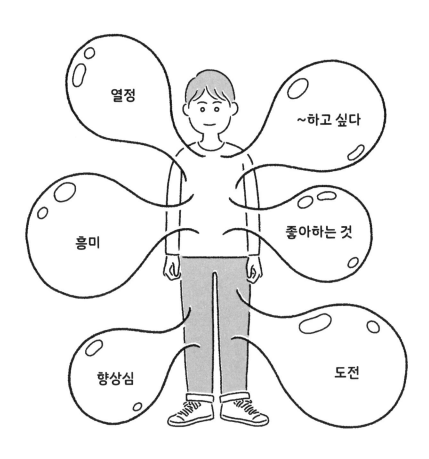

할 수 있는 것이라면 이는 기술이라 할 수 있다.

지금부터는 지금까지 키워온 기술을 잘 활용하면서 내면에서 뿜어져 나오는 에너지를 무기 삼아 나만의 감각을 발휘하며 살아가야 한다. 그렇게 하면 결과는 차치하더라도 적어도 자신의 인생을 주도적으로 살아간다는 느낌을 받을 수 있다. 자기 인생을 허비하지 않아도 된다.

나의 내면에서 뿜어져 나오는 에너지를 잘 활용하려면 어떻게 해야 하는지에 대한 답으로 내가 종종 강연이나 세미나에서 소개하는 모델이 있다. 우선 나를 한가운데 두고 내면에서 키워가고 있는 에너지가 무엇이 있는지 떠올려보기 바란다. 예를 들면 내가 좋아하는 일이나 관심 있는 일, 열정과 같은 것들 말이다. 더 높은 곳으로 가려는 향상심이나 도전정신이 될 수도 있다. 이러한 긍정적인 에너지가 점점 커져서 나중에는 자신을 커다란 공처럼 둘러싸게 된다.

여기서 주목해야 하는 부분은 자신을 둘러싼 공이 둥둥 떠 있는 상태라는 점이다. 이 이야기를 했을 때 통통 튀는 느낌이라고 받아들이는 사람이 있는데 이 느낌과는 약간 다르다. 통통 튀는 현상은 어딘가에 지면이 있고 중력의 영향을 받고 있을 때 발생한다. 이 모델에 대입하면 결국 자신이 무

언가에 지배당하고 있는 상태인 셈이다.

내가 말하는 모델의 상황은 다르다. 이 모델은 중력의 지배를 받지 않고 항상 둥둥 떠 있는 상태다. 이른바 3차원의 공간에서 무중력 상태로 떠 있다고 할 수 있다. 그 중심에 자신이 있다는 사실 이외에는 방향도 그 어떤 것도 정해지지 않았다. 그러한 공간에 그저 둥둥 떠다니고 있는 것이다.

주변을 둘러보면 똑같이 둥둥 떠 있는 사람들을 발견할 수 있다. 저 멀리 같은 방향을 보며 떠 있는 사람도 있고 거꾸로 뒤집혀 보이는 사람도 있다. 바로 옆에도, 완전히 다른 방향에도, 여기저기에 다양한 크기의 공이 떠 있다.

여기서는 다른 사람들을 신경 쓸 필요가 전혀 없다. 공간은 끝없이 펼쳐져 있기 때문에 어디에 있든 상관없다. 모든 선택지를 자유롭게 고를 수 있다. 원하는 대로 떠다녀도 괜찮고 움직이지 않고 공의 크기를 키우는 데 집중해도 상관없다.

앞서 말했듯이 자신을 감싸고 있는 공은 '흥미'나 '열정', '향상심' 등으로 이루어져 있다. 그런데 만약 누군가 흥미를 통해 자신의 공 크기를 점점 더 키우다 보면 다른 사람과의 거리가 더 가까워진다. 실제로 가까이 다가간다기보다는 자신의 공을 크게 키워서 자신의 공 안에 다른 사람이 들어오

게 만드는 상황에 더 가깝다.

물론 서로 통신을 할 수도 있다. 신호를 보내면 반응이 올 것이다. 양방향 통신을 자유롭게 할 수 있다. 우리는 항상 상하좌우도 없고 3차원인 무중력 공간에서 다양한 사람들과 함께 떠다닌다는 사실을 의식해야 한다. 이것이 내가 요즘 가장 중요하게 생각하는 이미지이고 가치관이자 세계관이다.

3차원 공간에는
위아래가 없다

이렇게 다소 생소하게 느껴지는 모델을 강연이나 세미나에서 이야기하는 데에는 물론 이유가 있다. 인간은 사물을 지나치게 평면적으로만 생각하기 때문이다. 원래 3차원인 우주 공간마저도 인간은 2차원으로 파악하려 한다.

그 전형적인 예가 별자리다. 예를 들어 카시오페이아자리는 지구에서 보면 알파벳 W 모양과 비슷하다. 하지만 실제로는 알파α별과 베타β별이 바로 옆에 붙어 있지 않다. 인간

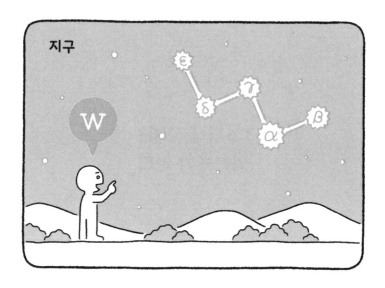

때려치우기의 기술

이 마음대로 특정 각도로 바라보고 이 별들이 W로 보인다고 편의상 이야기하고 있을 뿐이다.

당연한 이야기지만 우주 공간에서는 알파별이 베타별보다 더 격이 높다거나 하는 상하 관계도 존재하지 않는다. 별의 밝기를 나타내는 등성이라는 단위가 있긴 하지만 이것도 인간이 정한 기준이다. 별들끼리는 '저 별이 더 밝으니까 말을 잘 들어야겠다'라고 생각하지 않는다. 하지만 일단 어떤 시점에 좌표가 정해지면 그전에는 단순히 공간 속에 떠 있기만 했던 별을 W 모양을 하고 있다고 말한다. 서로 아무런 상관관계가 없는데도 말이다.

이렇게 인간은 큰 의미가 없는 일에 열정적으로 임하기도 한다. 그리고 실제로 많은 사람에게 이러한 마인드셋이 이미 장착되어 있다. 그래서 나는 기회가 있을 때마다 이야기한다.

"인간은 태어날 때부터 무한하게 펼쳐져 있는 개념 속 공간에 자유롭게 떠 있는 존재입니다."

우선 자신이 중심에 있고 그 주변을 공이 감싸고 있는데 그 공의 크기는 스스로 자유롭게 키울 수 있다. 이런 생각을 가지고 모두가 자유롭게 살아가면 된다.

앞서 말했던 별자리 이야기는 어떻게 보면 외부의 평가라고 할 수 있다. 각각 완전히 다른 장소에서 떠다니고 있음에도 우리는 '저 사람은 날 어떻게 생각할까?', '어떤 평가를 할까?'에 대해 항상 의식하며 살아간다. 물론 인간은 사회적 동물이기 때문에 다른 사람이 어떻게 세상을 바라보는지, 또 회사는 어떤 기준으로 사람을 평가하는지와 같은 현실을 아는 것이 도움이 된다. 세상을 상대적으로 파악할 수 있기 때문이다.

현재 내가 카시오페이아보다 오른쪽 위에 있으니 이겼다고 생각하는 것은 자유지만 그것이 반드시 성공한 인생을 의미하지는 않는다. 각도(평가) 때문에 카시오페이아자리의 오른쪽 위에 있는 것처럼 보일 뿐, 본질적으로는 아무런 근거가 없는 판단 기준이다. 이러한 사고방식은 매몰비용을 발생시키는 전형적인 사례다.

그래서 주변에 "내가 오른쪽 위에 있어", "너는 왼쪽 아래네"와 같이 말하는 사람이 있다면 그냥 "그래?" 하며 한 귀로 듣고 한 귀로 흘리면 된다. 오히려 바로잡으려고 하면 무의미한 싸움이 벌어질 수 있다. 차라리 마음에 담아두지 않고 무시하는 편이 더 낫다. "아, 그래? 네 눈에는 그렇게 보이는구나. 좋겠네"라고 대답하면 그만이다. 잘 모르는 타인의 평가에 휘둘릴 필요 없다.

무의식중에 '그렇게 하지 않으면 안 된다', '꼭 이래야만 한다'와 같이 매몰비용으로 이어지는 사고를 하지 않도록, 나를 감싼 채 3차원의 공간을 자유롭게 떠다니는 공을 반드시 떠올려보길 바란다.

나만을 생각하고,
더 제멋대로 살아도 상관없어!

스스로를 세계의 중심이라고 생각하고 주변을 내가 좋아하는 것으로 가득 채워도 괜찮다는 믿음을 가져라. 이것이 전진을 위한 첫걸음이다. 정신적 충격으로 괴로워하는 사람들을 위한 첫 번째 조언이 당신은 소중한 존재라고 계속해서 이야기해주는 것이라고 한다. 자신이 소중하다는 믿음을 갖게 되면 스스로 상처받는 일을 막을 수 있다.

내가 소중한 존재라고 생각하는 일은 더 나은 삶을 살기 위한 기본 전제다. 유명하다, 미인이다, 머리가 좋다, 학력이 좋다, 좋은 회사에서 일한다, 연봉이 높다⋯⋯. 이러한 조건들도 모두 자신의 자산이자 장점이긴 하지만 이는 모두 표면적인 속성에 불과하다. 이러한 것에만 신경 쓰다가 '나는 소중한 존재고 나를 중심으로 멋진 세상이 펼쳐져 있다'는 대전제를 잊어버리면 아무리 겉으로는 빛나 보이더라도 삶의 근본이 쉽게 흔들린다.

실제로 이러한 현상이 여기저기서 많이 발생하고 있다. 특히 최근에는 SNS를 중심으로 다양한 정보가 공유되면서 항상 스스로를 다른 누군가와 비교하고 자신의 가치를 상대적으로 측정하는 일이 일상이 되어버린 사람들이 많다.

그래서 나는 더욱더 모두에게 자기중심적으로 살라고 말한다. 흔히 자기중심적이라고 하면 제멋대로 하고 싶은 대로만 한다는 부정적인 이미지를 떠올린다. 하지만 나는 오히려 오해를 불러일으킬 수 있는 이 말을 사용하길 좋아한다. 나자신이 중심이 되어 주변을 좋아하는 것들로 가득 채워도 괜찮다고 스스로 세뇌하지 않으면 절망을 극복하지 못하는 사람도 있기 때문이다.

나는 원래 내향적인 사람이라 코로나19 이후 집에서 한

발자국도 나가지 못하는 상황이 그다지 힘들지 않았다. 하지만 나와는 달리 이 상황에 상당히 크게 동요한 사람도 많았다. 왜 그런지 이유를 살펴보니 모두 자기중심적으로 사는 생활에 익숙하지 않았기 때문이라는 생각이 들었다. '저 사람보다 내가 더 뛰어나다', '저 사람이 인정해줘서 지금의 내가 있다'라는 생각에 사로잡혀 다른 사람과 비교해 스스로의 정체성을 규정하지 않으면 자신이 어느 위치에 있는지 알 수 없는 사람이 많은 것이다. 그들은 코로나19로 인해 강제로 집에서 지내는 시간이 길어지면서 남들과 비교하며 상대적으로 평가할 수 없게 되자 그만큼 매몰비용이 늘어났고 정신적으로 흔들렸다. 자신을 믿지 못하고 스스로를 긍정적으로 받아들이지 못하는 사람이 많기 때문이라고 볼 수 있다.

앞에서 《평생 써먹는 대인관계의 기술》이라는 책을 언급했는데 그 책에서는 인간이 가지는 세 가지 본질을 다음과 같이 정리하고 있다.

① 자신을 중요한 사람이라고 생각하기
② 관심의 대상은 무엇보다 나 자신
③ 상대방이 제공한 호의에 보답하고 싶다는 인간의 본성

때려치우기의 기술

어떤 사람이라도 본질은 '자기중심적'이다. 자기중심적으로 생각한다고 비난받을 이유도 없고 자신을 일부러 깎아내릴 필요도 없다. 명심해야 할 사실은 우리 모두가 자기중심적이라는 점이다. 나도 그렇고 다른 사람도 모두 다 마찬가지다. 이 사실을 서로 인식하는 일이 매우 중요하다. 다른 사람이 자기중심적이라고 비난할 자격은 그 누구에게도 없다. 그래서 나도 가능한 한 더 자유롭게 내 마음대로 살려고 노력 중이다.

더 둥글고 더 큰 공을
만들기 위해

앞서 나를 감싸는 공의 크기가 커지면 다른 사람과의 거리를 좁힐 수 있다는 이야기를 했다. 자신의 흥미나 호기심, 열정을 키워서 공이 겹치는 사람이 늘어나면 나중에는 나의 공 안에 다른 사람이 들어오게 된다. 그리고 이것이 다양한 가치관을 인정하는 포용력과 허용으로 이어진다. 이러한 자질은 큰 성공을 이룬 사람들의 특징이기도 하다.

그런데 자기중심적으로 살겠다 마음먹고 공을 키웠음에

도 타인과의 갈등에 부딪히는 사람이 있다. '나는 이 방식을 관철하겠다', '네가 틀렸어'와 같이 고집을 부리며 항상 사람들과 대립하는 것이다. 이런 사람을 가만히 살펴보면 그들을 감싸고 있는 공의 모양이 둥글지 않고 어딘가 각지고 모난 부분이 있다. 모난 부분이 있다는 것은 표면적이 좁은 부분이 있다는 의미다(모난 부분의 끝은 점이다). 이는 1차원에 가까운 상태다. 결국 자기 자신 이외에는 아무것도 인정하지 않는 태도라는 의미이기도 하다. 이는 '자기중심적'이라는 말을 오해하고 있는 것이다.

원래 공은 부드럽고 유연해서 쉽게 상처 입지 않는다. 그래서 모두가 자기중심적이라는 사실을 인정해도 아무런 문제가 발생하지 않는다. 유연한 태도로 상대를 받아들이겠다는 마음으로 생활하면 서로 닿았다고 해서 공격받았다고 느끼거나 상처받지 않는다. 오히려 공끼리 닿으면서 서로의 에너지를 전해줄 수 있다. 이렇게 서로의 에너지가 자유롭게 오가면서 각자의 공이 더 커진다. 더욱 자유롭게 에너지를 활용할 수 있는 것이다.

만나면 힘이 나는 사람, 서로 긍정적인 영향을 주는 사람이 있다. 내가 만나고 싶은 사람도 상호작용이 되는 사람이

때려치우기의 기술

다. 만나면 서로 힘을 얻고 '그럼 내일부터 또 힘내보자!'라는 생각이 들게 하는 사람과는 다음에 또 만나고 싶어진다. 반대로 나를 아무리 잘 따르는 사람이라도 에너지를 흡수하기만 하는 사람이라면 나의 에너지는 계속해서 줄어든다. 상호작용을 하면서 에너지를 주고받는 관계가 자신의 중심을 잡아주는 든든한 버팀목이 된다.

커리어 면에서 생각해도 요즘 시대에는 서로 에너지를 주고받는 관계가 얼마나 중요한지 인지할 필요가 있다. 팬데믹 이후 우리는 어디에서도 정답을 찾을 수 없는 시대를 살고 있다. 우선 자신의 머리로 생각한 후 다른 사람에게 '제공GIVE'해야 한다. 그리고 나의 GIVE와 상대방 GIVE의 상호작용을 통해 자신의 공을 키워나가야 한다. 이렇게 하면서 새로운 접점과 더 큰 기회를 찾을 수 있다. 이런 방식으로 생각을 바꾸는 것이 중요하다.

주어진 조건 속에서 맡겨진 일을 해내고 경험을 쌓기만 하는 시대는 안타깝게도 이제 끝났다. 지금은 업무의 정의조차도 급격하게 변화하고 있으며 특정 기술만 있으면 편안하게 일할 수 있다는 생각 역시 환상에 가깝다. 이제껏 선망받던 직업이 AI로 대체되기도 한다. 이런 상황에서는 무엇보다 다양한 사람들과 서로 에너지를 주고받을 수 있는 관계를 구축하는 것이 중요하다. 이를 위해서도 항상 유연함을 잃지 말아야 한다.

언제나 기브 퍼스트 GIVE FIRST

어른이 되고 난 뒤에는 친구 만들기가 어렵다고 말하는 사람이 있다. 하지만 나는 40대가 된 이후에도 새로운 친구들을 많이 사귀었다. 그것이 가능했던 이유는 앞에서도 말했듯이 다른 사람에게 항상 기브GIVE를 하겠다는 마음이 있었기 때문이다.

나는 예전부터 이를 기브 퍼스트Give First라고 불렀다. 실제로 다른 사람을 위해 내가 먼저 베풀어야겠다고 생각했더니 마음과 행동이 일치하기 시작했다. 나는 오히려 젊을 때 친구 만들기가 매우 어려웠다. 사실 학창 시절에는 친구가 무슨 의미인지조차도 잘 알지 못했다. 학교라는 장소는 일률적으로 같은 목적을 추구한다는 것을 전제로 디자인된 곳이다. 적어도 내가 학교에 다닐 때는 내가 누군가를 돕거나 베풀기 힘든 환경이었고 나의 가치를 표현할 기회도 없었다. 하지만 사회인이 되고 나서, 특히 40대 이후에는 내가 도움을 줄 수 있는 일이 늘어났고 결과적으로 더 많은 일이 원활하게 돌아가기 시작했다. 그 덕에 어려운 상황일 때 서로 힘이 되는 친구가 많이 생겼다.

어른이 되고 나서 사귄 친구가 중요한 이유는 서로 도움을 줄 때 특별한 이유나 조건이 필요 없기 때문이다. 사업을 위해 만난 사이라면 돈이 오가기 때문에 이 거래가 공정한지 이유나 조건을 따진다. 하지만 친구라면 그런 조건은 중요하지 않다. '좋아하는 친구니까', '친해지고 싶으니까'와 같은 이유만으로 도움을 줄 수 있다.

예를 들어 나는 지금 무사시노대학교 앙트러프러너십 entrepreneurship, 기업가 정신 학부에서 전임교수로 일하고 있다. 나와 함께 일하는 사람들은 모두 학부장인 이토 요이치伊藤羊가 함께 일하고 싶다고 보낸 메시지를 받고 모인 사람들이다. 요이치는 Z홀딩스 그룹Z Holdings Corp.에서 운영하는 기업 내 대학 아카데미에서 차세대 경영진과 본부장의 리더십 개발을 담당하고 있다. 또 다양한 행사에서 폭넓은 층에 적극적으로 정보를 전달하고 있으며 그의 저서 《1분 전달력》은 일본에서 53만 부 이상이 팔린 베스트셀러이기도 하다.

요이치가 교수진으로 와달라고 부탁한 사람들은 모두가 현역에서 일하는 기업가로 공사다망한 사람들이었다. 하지만 그의 부탁을 받은 모두가 "좋아요. 언제부터?"라고 곧바로 긍정적인 대답을 내놓았다. 모두가 주저 없이 나서니 오히려 요이치가 "정말 괜찮으신 거예요? 왜 이렇게 다들 저를 적극적으로 도와주세요?"라고 되물을 정도였다. 이유는 굉장히 단순했다. "친구니까!" 물론 '이 사람과 함께 일하면 재미있을 거야'라는 마음도 분명 있었을 것이다. 그래도 결정적인 이유는 원하는 결과를 얻지 못하더라도 요이치에게 힘이 되고 싶다는 마음이 자연스럽게 생겼기 때문이다.

당연한 말이지만 도움을 요청하려면 그러한 요청을 받아줄 사람이 있어야 한다. 그리고 도와달라는 요청을 받았을 때 기꺼이 도와주고 싶은 사람에게는 자신도 도와달라는 말을 하기가 편하다.

'힘들게 맺은 인간관계니까', '오래된 사이니까', '대학 동기니까'와 같은 이유를 들어 합리화할 수도 있다. 하지만 그런 식으로 표현되는 관계는 매몰비용이 되기 쉽다. 예전부터 이어져온 모호한 관계가 무의미하게 지속되고 있을 뿐이기 때문이다. 심리적으로 소모되는 느낌이 든다면 그러한 관계는 이제 청산해도 괜찮다.

내가 먼저 베푼다는 생각을 하면 나이가 많든 적든 서로 기분 좋게 도움을 주고받는 관계가 될 수 있다. 그러한 관계는 미래를 예측하기 어려운 시대에 인생을 더욱 풍요롭고 든든하게 받쳐줄 것이다.

과거는 과거일 뿐,
복잡한 세상 하고 싶은 것 하며 삽시다

과거의 매몰비용을 떠안고 살아가면 당연히 나의 공을 키우기 힘들다. 반복해서 말하지만 매몰비용은 '과거'의 일이다. 성공 경험이든 실패 경험이든 과거에 집착하는 순간 지금의 자신에게는 제약이 생긴다. 기본적으로 과거는 지금의 자신을 확장하는 요소가 아니라 오히려 자신의 공을 작게 만드는 압박으로 작용한다.

자신의 관심이나 열정이 더 커질 수 있음에도 과거에 얽

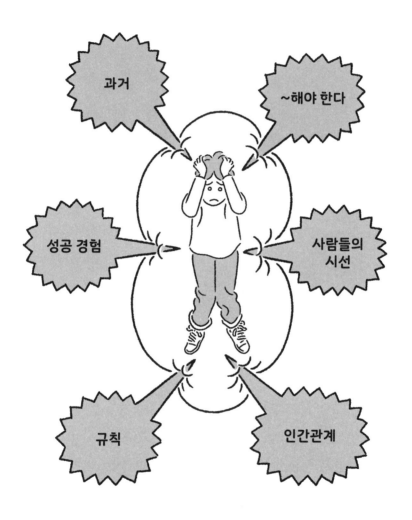

때려치우기의 기술

매여 관심의 범위가 좁아지고 힘들게 싹을 틔운 열정도 금방 사라져버린다. 내가 좋아하는 것으로 공을 채우고 키우는 것이 아니라 오히려 수축시키는 것이다. 이른바 매몰비용에 짓눌려 있는 상태다.

과거를 밑거름 삼아 미래를 만드는 사람이라면 상관없지만 '난 아무리 해도 안 되겠지', '왜 저 때 행동으로 옮기지 않았을까?'와 같은 부정적인 생각을 계속한다면 아무리 기다려도 밝은 미래는 오지 않는다. 나는 원래 완벽주의 성향을 갖고 있기 때문에 이들이 어떤 마음인지 충분히 이해한다. 하지만 그런 상태에서는 좋은 일이 생기지 않는다.

과거를 돌아보며 그리워하거나 좋았던 추억을 떠올리는 것은 마치 스노우볼 안에서 반짝반짝 빛나는 종잇조각을 바라보는 것과 같다. 즐거운 추억은 인생을 아름답게 수놓는 존재이긴 하지만 어디까지나 과거일 뿐이다. 그 기억이 지금 자신의 열정에 불을 지피는 계기가 된다면 의지해도 괜찮다. 하지만 과거의 성공을 이끈 열정 역시 결국 자기 내부에 존재하는 것이다. 과거에 있었던 일 자체가 지금 나의 인생을 결정 짓지 못한다는 것을 항상 기억해야 한다.

과거는 지금 나의 자존감을 세워주지도 않고 원동력이 되지어주지도 않는다. 좋은 추억은 나를 행복하게 하지만 이에 집착할 필요는 없다. 실패도 성공도 모두 빛나는 추억이라고 긍정적으로 생각하는 것은 좋다. 하지만 과거의 추억이 내 공의 크기를 키우는 에너지가 되어줄 수는 없음을 명심하자.

나의 공을 유연하게 유지하는 과정에서 힘든 일이 발생할 수도 있다. 타인의 의견이나 지적, 평가, 알 수 없는 압박감에 휩싸여 유연함을 잃는 상황이 언제든 일어날 수 있기 때문이다. 다만 이로 인해 나의 가능성을 스스로 위축시키는 것만은 피해야 한다. 이러한 상황을 모두 염두에 두고 살아야 한다.

3장

때려치우기 기술 실전법:
이대로만 따라 해도 나는야 끊어내기 고수

변화는 디폴트값임을 명심할 것!

모르는 사이에 어느새 떠안게 된 매몰비용을 없애기 위해서는 어떻게 해야 할까? 3장에서는 이를 위해 주제별로 구체적인 방법을 소개하고자 한다. 우선은 인간관계다.

인간관계가 매몰비용이 되었다는 것은 언젠가 맺었던 인간관계가 이후에 의미 없이 이어지며 함께 있는 것이 당연해진 상태를 의미한다. 전형적인 예로는 학창 시절 친구나 예전 직장 동료 등을 들 수 있다. 함께 학교에 다녔거나 같이 일을 했다는 이유만으로 지금 자신의 시간을 무조건 할애할 필요는 없다. 물론 여전히 가치가 있는 관계도 있다. 그러니 섣불리 단정 짓지 말고 관계를 그만두는 것을 하나의 선택지로 인식하는 것이 중요하다.

지금의 관계가 매몰비용일 가능성이 있다는 사실을 염두에 두고 '음, 이야기가 잘 안 통하네', '나에게 도움이 되지 않는 모임이군'과 같이 내가 느끼는 감정 변화에 민감하게 반응해야 한다. 만약 이렇게 느껴진다면 그 관계는 매몰비용이 된 상태일지도 모른다. 그다음에는 그러한 인간관계에 자신의 시간을 투자할 가치가 있는지 없는지 따져보아야 한다. 예전에 함께 보낸 시간은 분명 의미 있지만, 과거에 좋은 시간을 보냈다고 해서 지속적으로 시간을 들일 가치 있는 관계라는 보장은 없다. 서로의 성장 방향이 달라지는 것은 당연하기 때문에 항상 가치 있는 관계가 유지되지 않을 수도 있다.

대화의 주제가 과거의 추억뿐이거나 최신 트렌드와 같은 일회성 이야깃거리인지 생각해보라. 만약 그렇다면 이는 주의해야 하는 관계다. 그러한 화제가 무조건 나쁘다는 것은 아니다. 하지만 함께 나눌 이야기가 그것뿐이고 이로 인해 답답한 마음이 든다면 상대방과의 만남을 의식적으로 줄여도 된다. 가끔 먹는 컵라면은 환상적인 맛이지만 그것이 주식이 된다면 건강을 해칠 수 있다는 비유라면 이해하기 쉬울 테다. 이제는 조금 더 영양가 있는 인간관계가 필요하다.

A를 만났을 때 내가 답답한 마음을 느꼈다고 해서 A라는 사람이 나쁘다거나 재미없다는 의미가 아니다. 이 부분을 잘못 생각하면 저 사람은 별로라는 시선으로 타인을 바라보게 되며, 드러나는 특성만으로 타인을 판단하게 된다. 하지만 그저 시간이 흐름에 따라 나와 상대가 잘 맞지 않는 관계가 되었을 뿐이다. 인간관계도 어디까지나 '관계'이기 때문에 관계성을 다시 생각하는 것이 잘못된 일은 아니다. 서로의 관계에 대해 다시 생각했다고 해서 상대방이 가치 없다는 의미가 전혀 아니라는 점을 분명히 이해해야 한다.

때로는 과거에 큰 도움을 받았던 사람과 그런 관계가 되기도 한다. 나 역시 예전에 큰 도움을 받았던 사람이 있고 나를 엄청나게 잘 챙겨줬던 사람이 몇 명이나 있다. 그렇다고 해서 무조건 지금 나의 시간을 그들에게 할애해야 하는가는 또 다른 문제다. 인간관계는 변한다. 과거에 도움을 받았다는 사실에는 변함이 없고 이에 감사하는 마음도 여전히 느끼고 있다. 그것만으로 충분하다. 무리해서 매달 만나 같이 밥

을 먹거나 술을 함께 마시면서 감사의 마음을 표현할 필요는
없다.

상대방에게 연락이 와도 만나고 싶은 마음이 들지 않는다
면 아무리 과거에 신세를 졌던 사람이라도 만나는 빈도를 조
절해야 한다. 어디까지나 서로에게 긍정적인 가치를 제공할
수 있는지 아닌지에 주목할 필요가 있다.

때려치우기 기술 ①

약속의 빈도를 줄인다

———

만나는 횟수를 줄였을 때 상대가 어떻게 생각할지, 혹시
실례는 아닐지 걱정될 수도 있다. 그런데 만약 내가 그러한
행동을 했을 때 상대가 무례하다고 느낀다면 그 관계는 청산
해도 되는 관계다. 그 정도 일로 틀어져버리는 관계는 근본
적인 가치관에 차이가 있는 것일 테니 이쯤에서 정리해도 괜
찮다.

거꾸로 말하면 무언가 불편함을 느꼈을 때 내가 먼저 만
나는 빈도를 줄이는 것이 상대방과의 관계를 확인하는 시금

석이 될 수 있다. 청산이라고 말하긴 했지만 갑자기 절교하라는 것은 아니다. 어디까지나 약속의 빈도를 줄이라는 의미다. "조만간 만나요", "기회가 되면 함께해요"와 같이 약속 날짜는 확실하게 정하지 않은 채 애매한 상태로 대화를 마무리하면 수월하다.

당연한 말이지만 인생은 한 번뿐이고 모두 끝이 있다. 게다가 하루는 24시간뿐이다. 제한적인 시간을 효율적으로 배분하려면 인간관계에 사용하는 시간에 대해 다시 생각할 필요가 있다. 지금까지와 동일한 방식으로 시간을 배분해도 괜찮다고 여기는 사람이라도 늘 새로운 관계가 생기기 마련이다. 따라서 생각대로 진행되는 경우는 드물다. 그렇기 때문에 인간관계에서 어느 정도 '우선순위'를 정해야만 한다. 하물며 이렇게 정보가 넘쳐나는 사회에서 성장하기 위해서는 더욱 유연하게 움직일 필요가 있다. 이때 과거의 인간관계에만 얽매여 있으면 지금이라고 하는 소중한 자원을 낭비하게 된다. 즉, 등가교환이 이루어지지 않는다는 말이다.

여기서 말하는 가치는 인간으로서의 가치가 아니다. 이러한 사실을 항상 의식하지 않으면 상대를 무가치한 존재라고 생각해버리기 쉽다. 앞에서 인간은 모두 스스로가 소중한 존재이길 바라는 마음이 있다고 했다. 타인이 중요하지 않다는 생각에 빠지면 인간관계를 맺기가 힘들어질 수 있다. 어디까지나 나와 상대방의 활동 분야가 달라졌을 뿐이다. 서로 성장하기 위해서, 행복해지기 위해서 내가 먼저 약속 방법을 바꿀 필요가 있다.

때려치우기 기술 ②

여럿이 함께 만나는 모임을 노려라

둘이서만 약속을 잡고 만나기 조금 불편하다면 여러 명이 함께 모일 기회를 이용하는 방법도 있다. 단둘이 만날 약속을 잡지 말고 "다음 동창회에서 만나자"와 같이 함께 참여하는 모임을 활용하면 된다.

종종 나는 이벤트나 모임에서 누군가를 소개받거나 인터넷을 통해 꼭 한번 만나서 이야기 나누고 싶다는 의사를 전달받기도 한다. '개인적으로 연락을 하면 만나주겠지' 하는 생각이었을 수도 있지만, 나로서는 내 시간을 쓰는 것이 썩 내키지 않을 때도 있다. 상대의 의도가 무엇인지 잘 파악되지 않거나 왠지 모르게 이용당하고 있다는 생각이 들 때 나의 답은 이러하다. "이번에 ○○ 이벤트가 있으니 꼭 와주세요. 그때 뵙겠습니다."

반드시 내가 직접 주최하는 이벤트나 모임이 아니어도 상관없다. 즉, 따로 시간을 내서 만날 가치가 있는지 지금 시점에서는 판단이 힘들다는 사실을 간접적으로 상대에게 전달하면 충분하다. 이렇게 하는 이유는 매우 단순하다. 인생의 시간은 유한하기 때문이다. 시간이라는 소중한 자원을 잘 관리하지 않으면 언젠가 '악의 없는 타인'에게 내 시간을 뺏겨버린다.

만약 이벤트나 모임에 상대가 왔다면 돈과 시간을 들여서 만나러 와준 것이니 관계성이 조금은 변화한다. 한마디로 빚이 생긴 상태인 셈이다. 그렇다고 해서 억지로 관계를 맺을 필요는 없지만 상대와 새로운 관계를 구축하기 위한 좋은 계기가 되기도 한다.

때려치우기 기술 ③

나의 자원을 고갈시키는 관계는 STOP!

────

매몰비용이 되지 않는 인간관계를 구축할 때 상대에게서 아무것도 빼앗지 않는다는 점을 의식하면 도움이 된다. 나는 종종 프레젠테이션을 잘하는 법을 알려달라는 요청을 받는다. 그런데 결국 좋은 결과를 내는 사람들을 살펴보면 모두 스스로 문제를 해결하려고 하는 이들이다.

하나의 사례를 소개하겠다. 나는 곤충 기술을 활용하는 기업인 무스카MUSCA의 전 대표이사였던 류고 아야노流鄕綾乃와 친분이 있다. 그녀는 한 이벤트에서 나의 아내를 만났다. 그런데 그때 마침 중요한 발표를 앞두고 있어서 아내에게 프레젠테이션을 잘하려면 어떻게 해야 하는지 물었다고 한다. 그때 그녀는 나를 만나게 해달라고 말하는 대신 공부 방법을 알려달라고 했다. 아내가 내 저서를 몇 권 소개해주었더니 그녀는 바로 그 자리에서 그 책들을 주문해 한동안 열심히 읽었다고 한다. 그 결과, 나를 한 번도 만나지 않은 채 중요한 발표를 멋지게 마무리 지었고 우승까지 거머쥐었다.

그 후 처음으로 나와 만났을 때 그녀가 나에게 감사 인사를 전했고 그제야 상황을 알게 된 나는 감격했다. 나는 그녀에게 "다음에 또 중요한 발표가 있으면 저에게 꼭 이야기해주세요"라고 말할 수밖에 없었다. 그녀와 나는 지금도 매우 좋은 관계를 유지하고 있다.

이와는 정반대의 상황도 많이 경험한다. 이벤트 행사장에서 지인에게 방금 소개를 받은 사람이 갑자기 "이번에 프레젠테이션을 해야 하는데 비법 좀 알려주세요"라는 부탁을 할 때다. 그러면 나는 앞에서 말한 것처럼 조만간 프레젠테이션 관련 세미나가 열릴 예정이니 거기에 참석할 것을 제안한다. 그럼에도 아내를 통해 나와 약속을 잡으려는 사람이나 나에게 자신의 발표 동영상을 보내며 막무가내로 조언을 요구하는 사람도 있다. 이러한 사람들은 자신의 과제는 우선 스스로 감당하고 처리하는 사회인의 기본 덕목인 문제해결 능력이 없다고 볼 수 있다.

이러한 사람들에게서 가장 의아한 점은 인간관계를 자신의 소유물이라고 생각하는 태도다. 릴레이션(관계)과 리소스(자원)는 완전히 다른 개념이다. 관계는 어디까지나 상호작용의 전제가 되는 것이므로 성인이라면 서로 도움을 줄 수 있어야 한다. 인간관계는 그래야만 존재할 수 있고 사회도 그러한 상호작용 속에서 만들어진 것이다.

반면 자원은 소유물이다. 각자의 물건은 개인이 자유롭게 사용할 수 있다. 그런데 어떤 사람은 관계를 자원이라고 생각하기도 한다. 타인은 자기 마음대로 조종할 수 없다. 어떤 사람과의 관계 속에서 '조금 이상하다'라는 생각이 든다면 관계를 이유로 나의 자원을 빼앗기고 있는 경우가 많다. 시간과 에너지가 고갈된다는 생각이 든다면 귀중한 자원을 스스로 지킬 필요가 있다. 외국계 기업에서는 이와 관련해 '링펜싱Ringfencing한다'라는 용어를 사용하는데, 이는 자신의 예산이나 시간 등을 확실하게 지켜야 한다는 뜻이다. 세상에는 다양한 생각을 하는 사람들이 있으므로 링펜싱의 관점에서 판단하는 것이 중요하다.

때려치우기 기술 ④

잘 주는 연습이 곧 승리의 비법

이제는 빼앗거나 빼앗기지 않는 인간관계를 의식하면서 앞에서 말했던 'GIVE하는 관계성'을 생각해야 한다. GIVE

의 대상은 자신의 기술이든 시간이든 상관없다. 만약 친해지고 싶은 사람이 있는데 계기가 없다면 행사 등에서 스태프로 참여하는 방법을 추천한다. 자신이 관심 있는 모임에 참석해 적극적으로 도움을 전하는 것이다. 이 방법은 만나고 싶은 사람을 선택해 GIVE하는 입장을 취하는 것이기 때문에 매우 양질의 인간관계를 구축할 수 있다. 상대의 기억에 남을 확률도 높고 열심히 일하는 모습을 통해 좋은 인상을 줄 수도 있다.

내가 그렇게까지 유명한 사람은 아니지만 그럼에도 나는 매년 수천 장의 명함을 받곤 한다(코로나 이후에는 사람을 만날 기회가 줄었지만). 그러다 보니 솔직히 말하면 명함을 건넨 모두를 기억하기는 힘들다. 명함 교환보다는 차라리 자리를 안내하거나 도움을 준 행사 스태프가 더 기억에 남는다.

내 지인 중에 꽤 유명한 사람도 비슷한 말을 했다. 단 한 번 만남에도 기억에 남는 사람은 자신에게 GIVE한 사람이라는 것이다. 행사장에서 길을 헤매고 있을 때 누가 친절하게 안내해주면 정말 감사한 마음이 든다. 잠깐 대화까지 나누었다면 나중에 마주쳤을 때 '아, 그때 만났었지!'라며 당시 일이 떠올라 기억에 더 오래 남는다. 그저 길을 잃지 않도록 안내해줬다는 사실만으로도 '내가 힘들었을 때 도와준 사람이다. 정말 감사하네'라는 마음을 갖게 만드는 것이다. 물론 완벽하게 기억한다고는 할 수 없지만 명함 교환만 했을 때와 비교하면 훨씬 더 기억에 쉽게 남는다.

세미나나 모임에 참석해 인맥을 만들 수도 있다. 하지만 명함을 교환하는 장소에서 관계를 구축하기는 엄청난 우연이 여러 번 반복되지 않는 이상 힘들다. 보통 그 자리에 누가 있는지 정확히 알 수가 없는 데다, 자신이 상대를 선택할 수 없는 장소에서 아무리 적극적으로 참여한다고 해도 좋은 인맥을 구축하기는 더욱 어렵기 때문이다. 이는 마치 복권에 당첨되는 일만큼이나 확률이 낮다. 그런 관점에서는 매우 공평한 장소라고도 볼 수 있겠지만 반대로 생각하면 도움을 주기가 몹시 어려운 장소라는 말이기도 하다. 게다가 명함을 교환했을 뿐인데 나중에 갑자기 연락이 온다면 아무래도 경계하게 된다. 상대가 누군지 기억도 못하는 데다가 무슨 의도나 목적으로 연락을 했는지 알 수 없기 때문이다.

스태프로 행사에 참가해서 만나고 싶은 사람과 이야기를 나눌 기회가 있었는데도 긴장한 나머지 아무 말도 못 하는 경우도 있다. 하지만 내 경험에 비추어봤을 때 유명하고 평판이 좋은 사람은 '내가 더 우위에 있다'라는 생각을 전혀 하지 않는 경우가 많다. 대부분은 누구에게나 공평하고 편하게 대하는 사람들이니 기회가 된다면 너무 어려워하지 말고 말을 걸어보길 바란다.

무슨 말을 어떻게 해야 할지 고민이 된다면 지금 이 순간부터 그 장면을 떠올리고 상상해보라. 분명히 도움이 될 것이다. '이런 이야기를 꺼내보자'라든지 '내가 정말 팬이라는 걸 꼭 말해야지'와 같이 구체적인 상황을 머릿속에 그려보고 마치 실전처럼 리허설도 해보는 것이다. 그러면 정말 만나고 싶은 사람을 만났을 때 당황하지 않고 말을 건넬 수 있다. 좋은 자극이 가득한 양질의 인간관계를 만들 수 있는 절호의 기회가 될 것이다.

내가 잘하는 것이 무엇인지
철저히 따져라!

평소에 일을 할 때도 그만둔다는 선택지를 구체적으로 고려하는 것이 중요하다. 이를 위해서는 일을 공헌이라는 관점에서 바라봐야 한다. 일은 성장이나 목표 달성을 위한 것이기도 하지만 동시에 소속된 조직이나 사회에 공헌하기 위한 것이기도 하다. 그래서 자신이 더 잘하는 일이나 좋아하는 일을 통해 모두에게 공헌한다고 생각하면 불필요한 일을 중단하기 위한 돌파구를 찾을 수 있다. 반대로 말하면 자신의 공헌도가 그다지 크지 못하다고 느끼는 일을 그만두면 주변에도 좋은 영향을 미친다.

회의 상황을 예로 들어보자. 자신이 거의 발언을 하지 않거나 그저 머릿수를 채우기 위해 참석하는 회의는 시간과 에너지를 낭비하는 전형적인 사례이므로 끊어내야 한다. 특별한 이유 없이 지금까지 계속 참석했기 때문에 마지못해 참석하고 있다면 이미 매몰비용이 된 상태다.

"참석 지시를 내린 상사의 체면도 있는 데다, 회사원의 입장에서는 불참 의견을 전달하기 쉽지 않다"라고 말하는 사람도 분명 있을 테다. 하지만 조금 더 멀리 봐야 한다. 단순히 의미 없는 회의에 참석하지 않는 것에서 끝내라는 것이 아니다. 내가 참석할 필요가 없는 회의에 가지 않으면 그만큼 여유가 생기므로, 그 시간을 활용해 회사를 위해 가치 있는 다른 일을 하면 된다.

직무에 따라 업무 스타일이 모두 다를 테지만 디자인 업무로 예를 들어보자. 한 시간짜리 회의에 참석하지 않으면 회의에 시간을 뺏기지 않고 내리 두 시간을 온전히 디자인 업무에 사용할 수 있다. 그리고 이 두 시간 동안 집중해서 새로운 무언가를 만들어낼 수도 있다. 많은 사람이 필요하다고 생각하는 간단한 시스템을 만들어도 좋고 유용한 보고서를 만들어 상사에게 제출해도 좋다. 그 시간 동안 영업 활동을 해 중요한 프로젝트를 따낼 수도 있다. 회의에 참석하지 않는 대신 사람들에게 도움이 될 만한 무언가를 만드는 데 그 시간을 활용한다면 오히려 좋은 인상을 줄 수 있다. 주체적으로 시간을 확보하면 보다 효율적으로 활용할 수 있고 그만큼 좋은 결과도 따라올 테니 업무가 점점 더 재미있어진다. 어디까지나 자신이 더 공헌할 수 있는 일을 우선시하고 더욱 생산적으로 일하기 위해 의미 없는 일을 그만두었기에 가능한 일이다.

그렇지만 회사마다 상황이 다르고 회사가 이를 인정하지 않을 것이라고 미리 단정 짓는 사람도 있다. 그런 사람들에게 나는 항상 같은 질문을 던지곤 한다. "실제로 시도해본 적은 있나요?", "지금 회사는 무엇이 부족하고 이를 개선하기 위해 자신이 어떤 도움을 줄 수 있을지 생각해본 적 있습니까?" 안타까운 일이지만 많은 사람들이 해보지도 않고서 회사에서 그만두는 행동을 허용하지 않을 것이라고 예단하곤 한다. 나라면 내 밑에서 일하는 직원이 참석하지 않아도 되는 회의에 스스로 불참하겠다는 결론을 내린 뒤 그 시간에

양질의 보고서를 써 온다면 그 직원을 높이 평가할 것이다.

애석하게도 규칙이나 관습에서 벗어난 일을 좋지 않은 시선으로 보는 관리자도 여전히 많다. 그렇다면 그러한 자신의 주체적 활동을 미래의 선택을 위한 판단 재료로 삼으면 된다. 만약 자신이 회사에 공헌할 수 있는 일을 주체적으로 했음에도 좋은 평가를 받지 못한다면 이직을 생각해도 좋지 않을까? 작은 시도가 현재 회사에서 계속 일하는 것이 의미 없다는 사실을 깨닫는 계기가 될 수도 있다.

때려치우기 기술 ①

일의 우선순위를 미리 정하라

마이크로소프트사에서 일할 때 나는 사내 미팅보다는 고객과의 만남을 항상 최우선 순위에 두곤 했다. 나의 이러한 결정에 팀 전원이 동의했고, 사내 회의에 참석하지 않았다고 해서 문제가 되는 경우는 없었다. "고객과 선약이 있습니다", "이 시간에 이벤트가 열려요"라는 나의 말에 "그렇군요", "고객을 만난다고? 그럼 안 와도 돼"라는 대답이 돌아올 뿐이었다. 일의 우선순위가 확실하게 정해져 있기 때문에 고객과의 약속이나 수익이 발생하는 일, 새로운 가치가 발생하는 업무라면 항상 회의보다 우위에 들 수 있었다. 이 책을 읽는 독자들도 자신이 정한 기준에 맞춰 회의의 우선순위를 정해보기 바란다. 내가 확실하게 말할 수 있는 것은 사내 업무는 잭, 퀸, 킹과 같은 '그림 카드'가 될 수 없다는 사실이다.

상사에게 회의를 피한다는 느낌을 주지 않도록 누가 생각해도 중요하다고 생각할 만한 약속을 회의 시간과 겹쳐 잡는 방법도 전략 중 하나다. 그래도 이 역시 한계는 있으니 확실하게 상사에게 말하는 편이 좋다. 어쨌든 나름대로 매긴 우선순위 중에서 그림 카드가 들어왔다면 반드시 내부 업무를 포기해야 한다. 그때그때 생각나는 대로 결정하는 것이 아니라 '내가 가치를 만들어낼 수 있는 일이나 회사 업무 이외에도 중요하게 생각하는 일은 모두 그림 카드가 될 수 있다'라는 자신만의 기준을 미리 정해두면 신속하게 결단을 내리기 수월하다. 빠른 업무 속도는 덤이다.

나는 가족과 관련된 일에 높은 우선순위를 설정해두었다. 아직까지 우리 사회는 가족을 일보다 더 중요하게 여기면 부정적으로 보는 경향이 있는데 이는 잘못됐다고 생각한다. 길지 않은 인생에서 나와 내 가족이 함께 보내는 소중한 '시간'을 생각하면 우선순위가 당연히 높아질 수밖에 없다. 이에 반해 그룹의 정례 회의나 부서 회식의 경우 내 기준으로 '클로버3' 정도의 가치밖에 갖지 못한다. 사장이 참석하는 회의는 '다이아몬드7', 사장의 개별 면담이라면 '스페이드10' 정도라고 생각하며 일을 해왔다. 사장이 관여하는 중요한 안건 역시 그림 카드가 될 수 없다고 판단했다.

사람마다 차이는 있겠지만 나만의 우선순위를 미리 정해두면 판단이 쉬워지고 효율도 높아진다. 업무의 생산성도 함께 올라간다. 최근 온라인 회의가 많아졌음에도 불필요한 회의를 자꾸 열어 시간을 빼앗는 상사가 있다는 이야기를 들었다. 자신의 인생을 지키기 위해서도 이러한 관계를 빨리 청산해야 한다.

때려치우기 기술 ②

하지 않아도 되는 일은 하지 않는다

지금까지 많은 사람을 만났지만 내가 생각하는 일 잘하는 사람들에게는 공통점이 있다. 바로 짧은 시간 안에 유연하게 판단한다는 점이다. 이 중 짧은 시간이라는 조건은 비교적 많은 사람이 충족시킨다. 물론 빠른 작업 속도가 일 잘하는 사람의 기본 조건이기는 하지만, 그 자체로는 큰 가치가 있는 것이 아니라는 사실은 분명히 해야 한다.

일 잘하는 사람은 자기 손에서 작업을 완전히 놓아버릴 수 있다. '자동화'하거나 작업 자체를 없앤다. 작업 속도가 빠르다기보다는 작업 그 자체의 의미를 생각하는 것이다. 자신의 머리로 일의 의미를 철저하게 분석하기 때문에 효율화, 간략화가 가능하고 동시에 단시간에 업무를 끝낼 수 있다.

바로 이 '유연성'이라는 요소가 무엇보다 중요하다. 구체적으로는 첫째, 하지 않아도 되는 일 정하기, 둘째, 자신 없는 일은 과감하게 남에게 맡기기로 나눌 수 있다. 첫째, 하지 않아도 되는 일 정하기는 어렵지 않지만 실행하지 못하는 사람이 많다. 하지 않아도 되는 일의 전형적인 사례는 형식적인 회의나 기계적으로 만드는 보고서(일지), 지나치게 자세하고 꼼꼼한 자료 작성 등이다. 그 외에도 장문의 메일이나 예고 없이 시간을 뺏는 전화, 출퇴근, 회식 등 나열하자면 끝이 없다.

이러한 일이 끝이 없는 이유는 그 일들 대부분이 지금까지 당연하게 여기며 해왔던 일이기 때문이다. 예전부터 계속 해온 일이고 과거로부터 이어져온 작업도 많다. 주변에 있는 사람들 모두가 그렇게 여기다 보니 혼자서 갑자기 그만두기가 힘들다. 게다가 이러한 작업은 보통 스스로 생각하고 결정해서 하는 행동이 아니라 타인에 의해 하게 되는 행동이다. 타인이 정한 일, 하지 않아도 되는 일을 계속하고 있기 때문에 업무 속도도 느려질 수밖에 없다.

예전부터 기계적으로 해왔던 일은 가능한 한 자동화해야 한다. 이를테면 누가 읽는지도 모르는 보고서를 만들 바에야 그 시간과 노력으로 자동화 시스템을 구축하는 편이 낫다. 이 보고서는 의미가 없으니 쓰지 않겠다고 선언했을 때 너무 모나 보이지 않을까 걱정된다면 이를 좋은 기회로 삼아 시스템을 만드는 쪽으로 접근 방식을 바꾸어 보자. 가령 보고서를 만들 때 수치화할 수 있는 데이터베이스가 분산되어 있다는 사실을 발견했다면 이 데이터를 통합해서 정리하는 시스템을 만들어 자동화하는 편이 모두에게 더 가치 있는 일이다.

일단 그러한 발상을 하기 시작하면 불필요한 일이 자연스럽게 눈에 띄게 되고 자신이 공헌할 수 있는 일들이 늘어난다. 즉, 불필요한 일을 그만둔다는 것은 모두가 알아차리지 못했던 일을 찾아낸 뒤 새로운 가치를 낳는 수단을 제안하고 공헌하는 일과 같다. 하지 않아도 되는 일은 그 누구에게도 도움이 되지 않고 시간만 빼앗을 뿐이다.

이러한 일에 매달리고 있다면 일을 잘할 수 없다. 예전에는 선배들도 해왔던 일이라 생각하며 묵묵히 해내면 급여 인상, 승진, 상사의 좋은 평가로 이어지는 등 직장 생활에서 도움을 얻기도 했다. 하지만 요즘 시대에 참고 인내하는 일은 그저 매몰비용이 될 뿐이다. 정말로 일을 잘하고 싶다면 하지 않아도 되는 일이 무엇인지 생각해보고 그 일을 그만두는 것이 무엇보다 중요하다.

때려치우기 기술 ③
내가 잘하는 거 하자

———

자신 없는 일을 과감히 다른 사람에게 맡길 수 있다면 업무 처리 속도는 극적으로 향상된다. 중요한 것은 타인에게 부탁할 수 있는 환경을 만들어야 한다는 점이다. '이 일은 그 사람에게 맡기자'라고 마음먹고 연락했을 때 상대가 거절하지 않도록 신뢰 관계를 미리 구축해놓아야 한다.

"저기, 이건 ○○씨가 더 잘하는 일이니까 부탁해도 될까요?" "당연하죠. △△씨가 부탁하는데 어떻게 거절하겠어요." 일을 잘하는 사람은 이러한 신뢰 관계를 평소에 많이 쌓아두고 있다. 이러한 신뢰 관계는 학력이나 직함, 회사 이름과 같은 배경이나 타이틀에만 의지해서는 만들 수 없다. 특히나 최근에는 배경이나 타이틀과 같은 표면적인 속성의 가치가 눈에 띄게 줄어들고 있다. 그러한 것만을 중시하는 사람이 많은 곳에는 인재가 모이지 않기 때문이다. 이러한 환경에서는 회사의 경영이 힘들어지고 결과적으로 도태되기 쉽다.

신뢰 관계를 구축하기 위해 평소 사내 커뮤니케이션에 주력하는 사람도 있다. 사내에 적이 많다면 중요한 순간에 그 누구의 도움도 받을 수 없기 때문에 사내에서 원활하게 소통하는 일은 물론 중요하다. 하지만 더 중요한 것은 무엇을 위해 커뮤니케이션하는지를 생각하는 일이다. 줄을 잘 서서 나만 이득을 보겠다는 생각은 아무런 의미가 없다. 조직에 속해 있는 이상 노동의 대전제는 조직에 가치 있는 공헌을 하는 것이기 때문이다.

이를 위해서는 원활한 인간관계를 만드는 데에만 집착할 것이 아니라 자신의 능력을 최대한 발휘할 수 있는 곳에서 일하려는 노력이 필요하다. 조직 전체를 최적화하려면 개개인이 각자의 능력을 가능한 한 많이 끌어내 드러내야 한다. 자신이 잘하지 못하는 일은 그 일을 더 잘할 수 있는 다른 사람에게 맡기는 것이 좋다.

자신에게 잘 맞지 않는 일, 맞지 않을 수도 있다는 의심이 드는 일이라도 무작정 달려드는 사람이 꽤 많다. 이는 아주 오랫동안 이어져온 고질적인 문제이기도 하다. 게다가 일본 회사에서는 순환 근무라는 명목하에 이를 강요하는 측면도 있다. 프로 야구에 빗대어보면 경험을 쌓는다는 이유로 에이스 투수에게 아무렇지 않게 4번 타자, 1루수를 맡기는 것과 비슷한 상황이다. 개인에 대한 기대감을 표현하는 것일지도 모르지만 스포츠 세계에서는 생각할 수 없는 일들이 비즈니스 현장에서는 아무렇지 않게 벌어지고 있는 셈이다. 투수에게는 공을 잘 던지기에 좋은 환경을 마련해주는 것이 가장 좋은 방법이다.

직무 중심의 잡job형 고용, 직무 내용을 제한하지 않고 채용하는 멤버십membership형 고용이라는 말이 있다. 여전히 사원 모두가 사업에 공헌해야 한다는 생각을 바탕에 두는 회사가 많아 개인에게 잘 맞지 않는 일을 억지로 해야 하는 경우도 많다. 멤버십형 고용이라는 말로 포장하고 있지만 내가 보기에 이는 폭력에 가깝다고 느껴진다.

사실 얼마 전까지만 해도 종신고용이나 연공서열이 보장되어 있었기 때문에 이 방식도 비교적 쉽게 받아들여질 수 있었다. 원하지 않는 일이나 잘 맞지 않는 일이라도 계속해 나가면 새로운 가치를 창출하지는 못할지라도 평생 일자리는 보장되는 시스템이었기 때문이다. 하지만 지금은 그러한 시스템이 무너지고 있다. 따라서 스스로 자신을 지킬 필요가 있다.

나의 능력을 발휘할 수 있는 곳을 적극적으로 찾아야 한다. 맞지 않는 일에 시간과 체력을 쓰는 일은 인생의 귀중한 시간을 낭비하는 일이다. 체력적으로도 무리가 가고 수면 시간도 줄어들고 스트레스가 쌓여 점점 더 어려움을 겪게 된다. 맞지 않는 일을 하느라 시간을 빼앗기거나 그런 일에서 가치를 찾으려는 노력은 그만두는 편이 좋다.

그래도 막상 일이 눈앞에 있으면 무리해서 매달리는 사람도 있다. 이는 아직 옛날 방식을 버리지 못하고 있는 것일지도 모른다. 20대 직장인이라고 예외는 아니다. 오히려 더욱 순진하기 때문에 부모나 상사의 "젊었을 때 고생은 사서도 한다"는 조언을 곧이곧대로 받아들이고 옛날 방식이나 사고를 답습하게 될 수도 있다. 하지만 지금처럼 모든 것이 초기화된 상황 속에서 그런 비합리적인 생각은 전혀 통용되지 않는다. 업무 방식에 문제가 있다는 생각이 조금이라도 든다면 자신의 업무 방식이 매몰비용화되고 있는 상황일 수 있으니 자신의 업무를 냉정하게 바라봐야 한다.

나에게 의미 있는 것이
가치 있는 것이다!

다음은 물건·돈·시간의 매몰비용을 없애는 구체적인 방법을 소개한다. 물건·돈·시간을 하나로 묶은 이유는 이 세 가지를 세트로 생각하는 편이 결과적으로 다채로운 체험을 하는 데 더 도움이 되기 때문이다. 물건을 사기 위해서는 돈이 필요하고, 그 돈을 사용하면서 동시에 의미 있는 시간을 얻을 수 있다.

내 친구이자 독립 연구자인 야마구치 슈山口周는 항상 '유용하다'와 '의미 있다'는 가치 중에서 선택해야 한다고 말한다. 그리고 "원하는 물건이 무엇이냐는 물음에 곧바로 답할 수 있나요?"라는 질문을 던진다. 나 역시 이 질문을 들었을 때 정말 내가 무엇을 원하는지 좀처럼 떠올리지 못했다. 아니, 원하는 것이 몇 가지 있긴 하지만 대부분 정말로 유용한 물건인지 확신이 서지 않았고 진심으로 원하는 것이냐고 묻는다면 확실한 답을 내놓을 수 없었다. 나와 비슷한 사람이 의외로 많지 않을까?

판단 기준을 유용함으로 설정해도 결정을 내리기 어려운 것은 마찬가지다. 이 세상에는 유용한 것이 너무나 많다. 같은 브랜드라 해도 사소한 기능이나 디자인의 차이로 그 종류가 다양해진다. 게다가 유용하다는 평가를 받는 것들은 지금 대부분 코모디티화되어 있기 때문에 가치가 떨어진 상태다. 그렇다고 해서 유용하다는 말을 하찮게 생각해서는 안 된다. 최신 의류 건조기는 분명 우리에게 도움이 되는 유용한 물건이다. 빨래에 많은 시간을 들이는 대신 건조기를 사용할 수 있다. 그런 의미에서는 유용한 물건을 사는 일이 시간을 사는 일이기도 하다. 이것도 돈을 잘 사용하는 방법 중 하나다.

그렇다면 자신이 오래전부터 꿈에 그리던 자동차는 어떨

까? 차는 당연히 기능적으로 유용하다. 하지만 그것 이상으로 차를 타는 시간 자체에 가치가 있다. 또는 길거리에 세워두는 것만으로도 심리적인 만족감을 얻을 수 있다. 이를 통해 만족스러운 시간을 얻은 것이고 자신에게 큰 가치가 창출된다. 또, 마음만 먹으면 언제든 그런 시간을 보낼 수 있다. 소유하는 것만으로도 의미가 생긴다. 지금은 공유의 시대라고 하지만 나는 자신이 만족할만한 시간을 얻기 위해서라면 소유에 돈을 쓰는 것도 충분히 가치 있는 일이라 생각한다. 중요한 것은 나에게 가장 의미 있는 시간이라는 개념을 코모디티화하지 않는다는 사실이다. 아마도 그러한 시간들은 여전히 큰 의미를 가지게 될 것이다.

이런 소비는 유행하는 물건이라서 깊이 생각하지 않고 사거나 부탁을 받고 어쩔 수 없이 소비하는 것과는 차원이 다르다. 이러한 소비를 통해 여유 시간이 생긴다고 하더라도 자신의 인생이 더 풍요로워진다는 보장은 할 수 없다. 이는 또래 압력peer pressure에 휘둘리고 있는 상태로 스스로 생각해서 내린 선택이 아닐 수도 있다. 물건·돈·시간에 대해서도 이를 통해 스스로 의미 있다고 느낄 만한 시간을 얻을 수 있는지 아닌지를 기준으로 생각할 필요가 있다. 이 기준에 충족되지 않는다면 그만둔다는 결정을 해도 좋지 않을까.

때려치우기 기술 ①

나의 시간 소비 패턴을 파악하라

———

나는 지금 일본 지바현 바닷가에 자택 겸 사무실을 마련해 머무르고 있다. 이 사무실은 바다를 보면서 여유 있는 개인 시간을 보내기 위한 장소로, 집 주변에는 놀랄 만큼 아무것도 없다. 가장 가까운 편의점도 몇 킬로미터 떨어져 있다. 이곳에서 시간을 보내다 보면 도시에서 생활하는 것이 얼마나 많은 시간을 빼앗는 것인지 느껴진다. 도시에서 살 때는 편의점에 가고 싶다는 생각이 떠오르면 근처에 있는 여러 편의점 중 아무것이나 선택해 바로 다녀올 수 있었다. 또 이동 수단이 잘 갖추어져 있기 때문에 업무를 할 때 꼭 필요하지 않은 일에도 사람들을 만나기 위해 이동하는 일이 잦았다.

나처럼 많은 사람이 도시에서 생활하는 것만으로도 많은 시간을 빼앗기고 있다고 느끼지만 이를 항상 의식하며 살지는 않는다. 도시에서 지내다 보면 그것이 일상이라 어쩔 수 없기 때문이다. 하지만 시간 역시 오랫동안 같은 방식으로 사용하다 보면 매몰비용이 되기도 한다. 이 점을 항상 주의해야 한다.

도시에서의 시간 사용 방식에 지나치게 익숙해져버리면 도시가 아닌 장소에 갔을 때도 같은 방식으로 시간을 사용한다. 도시와는 다른 시간의 흐름을 느끼기 위해서 여행을 떠나는 경우도 있다. 그런데도 여행을 하면서 '힘들게 온 여행이니까……'라는 생각에 빠져 일정을 빡빡하게 채워 넣고 그 일정을 소화하는 것을 목적으로 삼는 것이다. '이왕 왔으니까 유명한 관광지를 다 돌아보지 않으면 손해야'라는 생각 때문에 일정에 맞춰 열심히 돌아다닌 뒤 정작 어디에 갔는지 기억조차 못 하는 일이 종종 발생한다. 그럴 바에야 아무것도 하지 않고 현지의 생활이나 분위기를 몸소 느끼면서 여유 있는 시간을 보내는 편이 더 좋지 않을까?

물론 이렇게 말하는 나도 과거 여러 관광지를 열심히 돌아다녔다. 하지만 이제와 생각해보면 여행지에서 한가롭게 보냈던 시간이 더 오래 기억에 남는다. 예전에 아내와 함께 히로시마의 미야지마섬에 갔을 때 바닷가 옆 돌담에 앉아 해가 지고 물이 차는 모습을 멍하니 바라보던 그 세 시간이 지금도 가장 선명하게 기억 속에 자리하고 있다. 그저 바다를 보고 있었을 뿐인데 그 시간이 매우 좋은 추억으로 남아 있다. 누구에게도 방해받지 않고 편안하게 지냈고 나중에 떠올리며 이야기할 수 있을 만큼 행복한 시간이었기 때문에 매우 가치 있는 여행이었다.

의미 있는 시간을 보낸다는 것은 의미 있는 인생을 살아가는 일과도 무관하지 않다. 시간 활용법을 모든 상황에 무작정 동일하게 적용하지 않도록 주의하고, 평소 시간을 사용하고 일정을 잡는 방식이 매몰비용으로 변하지는 않았는지 수시로 점검해볼 필요가 있다.

때려치우기 기술 ②

행복의 해상도를 높여라

일상생활을 하면서 시간의 질을 높이는 일을 나는 행복의 해상도를 높이는 작업이라고 부른다. 나는 외식을 할 때 대부분 가게 사람과 이야기할 수 있는 카운터 자리에 앉는다. 그리고 음식을 먹으며 "이거, 정말 맛있네요!"라고 말을 건넨다. 외식할 때 음식점에 가서 요리를 먹고 술을 마시고 돈을 내고 돌아오는 것은 하나의 루틴이고 누구나 하는 일이다. 하지만 나는 그 과정에 음식을 만들어준 사람에게 맛있다는 피드백을 직접 전달하는 일을 추가했다.

특별한 장소가 아니어도 상관없다. 서서 먹는 메밀국숫집에서도 마찬가지다. 맛있다는 평가에 기분 나빠할 사람은 없으니 이렇게 음식을 만든 사람과 이야기를 나누는 것도 시간을 소중하게 사용하는 일이라고 생각한다.

내가 직접 맛있다는 말을 하는 이유는 어디까지나 내가 그 시간을 기분 좋게 보내기 위해서다. 감사 인사를 직접 전하면 상대방도 나도 기분이 좋아진다. 그리고 어쩌면 대화를 나누면서 평소에 접하지 못했던 흥미로운 이야기를 들을 수 있을지도 모른다. 특별한 일이 아니다. 평소와 변함없는 일상 속에서도 마음먹기에 따라 얼마든지 의미 있는 시간을 만들 수 있다.

행복의 해상도를 높이는 작업 중 하나로 나는 바닷가에 사무실을 구했고 예전부터 해보고 싶었던 모닥불 피우기를 시작했다. 특별한 무언가가 필요한 작업은 아니다. 그저 나무에 불을 붙이고 타들어가는 모습을 멍하니 바라보기만 할 뿐인데 마음이 따뜻하게 채워진다. 타오르는 불을 유심히 보고 있으면 매우 복잡한 모양이 나타났다가 사라지면서 눈길을 사로잡는다. 온기가 느껴져서 몸과 마음이 편안해진다. 모닥불을 바라보면서 다시 한번 불이 가져다주는 편안함이 인간의 근원적인 부분과 연결되어 있다는 사실을 느낀다. 옛날에는 당연했지만 도시에서는 자유롭게 할 수 없는 일도 떠올리게 된다. 도시에는 자연이 적어 자연재해의 위협에서 비교적 안전하다. 하지만 반대로 말하면 인간의 근원적 욕구를 제한하는 장소이기도 하다. 많은 사람이 캠핑에서 모닥불을 피우고, 내가 바닷가 시골집에서 모닥불을 지피는 이유는 아마도 오랜 도시 생활에 싫증이 났기 때문일 것이다.

나는 오랜 시간에 걸쳐 최신 테크놀로지를 다루는 생활을 해왔기 때문에 다른 사람에 비해 기술의 혜택을 많이 누린 편이다. 인류가 처음으로 손에 넣은 테크놀로지 중 하나가 '불의 사용'이었다. 유발 하라리Yuval Harari의 저서 《사피엔스Sapiens》에는 "(불로) 조리를 하게 된 덕분에 인류는 전보다 더 다양한 종류의 음식을 먹게 되었고 식사에 들이는 시간을 줄일 수 있었다. 작은 이와 짧은 장으로도 충분히 소화할 수 있게 되었다"라고 적혀 있다. 불은 인류를 인간답게 만들어

주는 도구다. 어쩌면 그런 사피엔스 유전자의 영향을 강하게 받아 지금 나는 머나먼 길을 돌고 돌아서 자연에 가까운 근원적인 부분으로 다시 온 것이 아닐까.

23년 동안 일한 마이크로소프트사를 때려치운 이유

사실 매일 쫓기듯 바쁘게 일하면서 불을 멍하니 바라보는 여유로운 시간, 아무것도 하지 않는 시간, 빈둥거리며 보내는 시간을 의식적으로 만들 수 있는 사람은 그다지 많지 않으리라 생각한다. 이런 말을 하는 나도 다른 사람 눈치 보지 않고 그런 시간을 즐기고 싶어서 마이크로소프트사를 그만둔 것이기도 하다. 회사에 다니는 내내 나는 업무상 만날 일 없는 글로벌 거점 직원들의 동향을 무의식중에 계속 신경 쓰며 생활했다.

내가 일하던 마이크로소프트 테크놀로지센터의 센터장은 나를 포함해 전 세계에 40명이었고 이들은 각각 시차가 다른 곳에서 일하고 있었다. 다른 나라에서 하는 업무에 내가 직접 관련한 경우는 없었지만 같은 직책을 맡은 사람이 항상 어딘가에서 일하는 중이라는 사실이 늘 신경 쓰였다. 그 사람들이 일하는 모습을 살피다 보면 내가 배울 점이 있을지도 모르고 도와줄 일이 있을지도 모른다고 생각했다. 나는 이 '있을지도 모르는 일'을 항상 생각하며 살았다. 그렇게 의식하는 것이 때로는 커리어에 도움이 되기도 했다. 하지만 떠안고 있는 다른 업무도 많았기 때문에 생각을 행동으로 옮기지 못하는 그 상황이 유쾌하지만은 않았다.

해외 거점 업무는 신경 쓰지 않고 국내 업무에 대한 상세 보고서를 작성하는 활동이 나의 커리어에는 더 도움이 되었겠지만 그것이 나의 본분은 아니라고 생각해서 하지 않았다. 그러면서도 사내에서 나름의 위치 때문에 사람들의 시선을 의식하지 않을 수 없었다. 이런 식으로 신경 쓰이는 일들이 너무 많아지던 어느 순간, '나 혼자서 일을 하면 오히려 쾌적하게 일할 수 있지 않을까?'라는 생각이 들었다. 그러면 나 이외의 사람들이 내가 모르는 곳에서 하는 일을 계속 신경 쓰는 이 상황에서 완전히 벗어날 수 있으니 말이다. 내가 해야 할 일에만 집중하고 나머지 시간은 인생의 질을 높이는 데에 투자할 수 있게 되는 것이다!

실제로 퇴사를 했더니 정말로 그랬다. 퇴사 후 확실하게 달라진 부분은 읽지도 않고 내버려두는 메일이 사라졌다는 점이다. 이유는 단순한데 이제 나와 관련된 메일만 오기 때문이다. 이전에는 내가 하는 업무와 상관없는 메일도 모두 내 시야에 들어왔다. 대부분 대충 읽어보고 넘기긴 했지만 내 업무에 조금이라도 영향을 줄 만한 내용이 들어가 있으면 아무래도 신경이 쓰였다. 이것이야말로 나의 매몰비용이었다. 오랜 시간 회사 생활을 하다 보니 반드시 읽어야 하는 메일을 놓치는 사소한 실수 때문에 커리어에 흠집 내고 싶지 않다는 생각이 마음속 어딘가에 계속 자리하고 있었던 것이다. 그러한 내 상태를 초기화하고 '삶의 질'을 높이기 위해 고민한 결과 이제는 다음 단계로 넘어가야 할 때라고 생각했다.

지금 돌이켜보면 삶의 질을 높이겠다는 결심이 없었다면 나는 아마 회사를 그만두지 않았을 것이다. 어느 정도 괜찮은 위치에 올라 있었고 회사 업무는 기존 설계도 덕분에 편할 때도 있다. 물론 경제적인 부분도 지금보다 안정적이었을 것이다. 하지만 그런 환경에서 최선을 다해 일하는 것에 의문을 갖기 시작했다. 마침 그 순간이 세계적인 격정의 시기와 겹쳤기 때문에 나는 바로 그때가 그만두기에 가장 좋은 타이밍이라고 생각할 수 있었다.

철저히 목적에만 집중할 것!

지금까지 잘해온 방식이나 과거의 성공 경험이 어느새 매몰 비용이 되는 상황을 막는 방법으로 내가 가진 기술을 감각화해 좋아하는 것들을 새롭게 조합해야 한다는 이야기를 앞서 설명했다. 하지만 역시 중요한 것은 결과와 성과다. 따라서 자기 나름의 결과와 성과를 낼 수 없는 기존의 방식이나 성공 경험은 버려야 한다.

수행하는 방식이나 프로세스는 어디까지나 수단이다. 프

로세스를 지나치게 중시하면 수단이 목적이 되어버린다. 이 때문에 열심히 노력했지만 안타까운 결과를 내는 경우도 자주 있다. 이것도 하나의 경험이라고 긍정적으로 평가하는 의견도 있지만 이는 주객전도일 뿐이다.

나는 과거에 시애틀 매리너스에서 활약했던 스즈키 이치로 선수를 좋아한다. 그는 일본에서 선수 생활을 할 때 이른바 '시계추 타법'으로 두각을 드러냈다. 오른 다리를 크게 들고 시계추처럼 타이밍을 보면서 가장 잘 칠 수 있을 때 배트를 휘두르는 방식이다. 그런데 메이저리그에 진출한 뒤 그는 투수의 공을 더 잘 치기 위해 자신을 대표하던 시계추 타법을 버렸다. 다리를 타석에 고정한 채로 아무런 사전 행동 없이 타격하는 방식으로 바꾼 것이다.

이치로 선수는 메이저리그에서 안타를 치는 것이 가장 중요하다고 생각했기 때문에 자신이 일본에서 구축한 스타일을 전혀 고집하지 않았다. 오직 좋은 결과를 내기 위해서 무엇이 최적의 방법인지 고민했다. 좋은 결과라는 목표를 가장 높은 수준으로 추구했던 이치로 선수의 자세야말로 아무도 가지 않는 길을 개척할 수 있었던 비결이 아닐까 싶다.

주변의 상황은 시시각각 바뀐다. 따라서 지금까지 잘해왔던 방식이나 그 방식으로 이루어낸 성공 경험에 계속 집착하다 보면 당연히 성과를 낼 수 없다. 최악의 경우, 긴 슬럼프에 빠져 헤어 나오지 못할 수도 있다. 중요한 것은 자신이 무엇을 성공이라고 생각하는지다. 이를 위해서는 프로세스에 집착하는 태도를 버려야 한다. 무슨 일을 하더라도 목적 달성에 초점을 맞춰야 한다.

때려치우기 기술
일단 해라, 그리고 생각해라

———

프로세스를 중시하지 않으면 필연적으로 행동의 선택지가 많아진다. 하지만 인간은 자유가 주어지면 오히려 무엇을 해야 할지 혼란스러워한다. 그런 사람들은 "어떻게 하면 할 수 있을까요?"라는 질문을 자주 던진다. 이럴 때 나는 항상 "일단 해보고 생각하면 됩니다"라고 답한다. 요컨대 무언가를 하기 전에 생각하는 일을 그만두어야 한다.

사실 해본 적도 없는 사람의 질문에 대답하는 것이 가장 어렵다. 무엇을 가르쳐주려 할 때도 해본 적이 없는 사람에게는 열심히 설명하다가도 '이건 실제로 해보는 게 더 빠를 텐데'라는 생각이 들곤 한다.

나는 취미로 가라테를 하고 있다. 독자들 중에 가라테의 하단 차기 기술에 당한 적이 있는 사람이 많지 않을 것이다. 아마 그런 경험이 없는 사람이 대부분 아닐까. 이들에게 내가 아무리 열심히 하단 차기 기술을 막는 방법을 가르쳐준다 해도 분명 쉽게 전달되지 않을 것이다. 상대의 허리 주변을 자세히 보고 있으면 발을 들어 올리거나 발차기가 들어오는 타이밍을 파악할 수 있지만 실제로 기술을 당해보지 않으면 아무리 설명한다 한들 알 수가 없다. 그런데 실제로 그 기술을 당해보고 강한 고통을 경험하고 나면 '두 번 다시 이 기술에 당하고 싶지 않아!'라는 생각을 하게 되고 본능적으로 몸이 움직인다. 발차기 기술을 막기 위해 여러 움직임을 시험해보고 시행착오를 겪으면서 구체적이고 효율적인 막기 기술을 습득하게 되는 것이다.

그러니 "어떻게 하면 할 수 있나요?"라는 질문을 하기 전에 우선 무엇이든 해보고 체험하려는 자세가 중요하다. 일단 하고 나면 더 구체적으로 질문할 수 있게 된다. 그러한 과정을 통해서야 개선할 수 있다.

일할 때도 마찬가지다. 처음 시작했을 때는 누군가의 가르침을 받더라도 스스로 체험하면서 더 많이 배울 수 있다. 하지만 여러 번 말한 것처럼 성공 경험의 함정에 빠지지 않도록 주의해야 한다. 특히 업무 연차가 오래된 사람일수록 변화한 비즈니스 환경은 아랑곳하지 않고 "몸을 움직여!", "일단 현장으로 가!"라는 식의 옛날 방식을 고집하는 경우가 많다. 이는 가장 골치 아픈 '알고 있다고 착각하는 상태'다. 아무리 수십 년 동안 영업이라는 한 우물만 팠다고 해도 오래된 성공 경험에 집착하며 새로운 기법이나 최신 과학 기술을 사용하지 않는다면 효율은 점점 떨어질 수밖에 없다. 결과적으로 회사에 손해를 끼치는 상황을 만들 수도 있다.

성공 경험이 있는 사람일수록 자신의 성공 경험만을 고집한다. 그런 태도를 보이면 주변에서도 '잘했던 사람이니까 알아서 하겠지'라는 생각에 조언하기가 쉽지 않다. 이 모든 것이 지금은 유효기간이 끝난 과거의 연장선상에서만 생각하며 살고 있기에 벌어지는 일이다.

꿈과 목표라는 개념을 바꾸라!

젊을 때 품었던 꿈이나 목표 역시 자기도 모르는 사이에 매몰비용이 되어버리기 쉬운 것 중 하나다. 물론 나도 젊을 때 꿈과 목표가 있었다. 지금 되돌아보면 그때 꿈과 목표는 대부분 이룬 듯하다. 왜냐하면 하나하나의 꿈과 목표가 크지 않았기 때문이다.

어릴 때 나는 항상 마음 한편에 운동을 잘해서 인정받고 싶다는 생각을 했었다. 그 목표를 당시에는 이루지 못했지만, 어른이 되고 나서 충분한 시간을 투자해 스키와 가라테를 열심히 배웠고 결국 스스로 몸치라는 생각을 떨쳐버릴 수 있었다. 덕분에 운동으로 인정받고 싶다는 목표는 어느 정도 실현되었다. 돈을 어느 정도 벌고 싶다는 꿈도 있었다. 포인트는 '어느 정도'에 있다. 시간이 지나면서 조금씩 돈을 벌게 되었고 지금은 그 '어느 정도'에 이르렀다.

나의 경우 꿈과 목표 하나하나가 다 거창하지 않았기 때문에 만약 현재 이루지 못했다고 해도 현실에 좌절하거나 답답함을 느끼지는 않았을 것이다. 하지만 나와 달리 꿈이나 목표를 명확히 세우고 이를 향해 앞만 보고 달려가는 사람도 있다. 다만 주변에 있는 여러 사람을 보면 그러한 꿈이나 목표를 추구하는 일이 반대로 발목을 잡는 경우도 많았다.

나의 경우에는 꿈이나 목표가 항상 불확실하거나 아니면 극단적으로 구체적인 이미지를 갖거나 둘 중 하나에 속했다. 50대에 접어들어 바닷가 마을에 살고 있는 것도 생각해보면 어릴 때 좋아했던 소설 속 주인공의 영향인지도 모른다. 소설에서 접했던 해변, 드라이브, 서핑과 같은 이미지가 머릿속 어딘가에 남아 있어서 무의식중에 바닷가 마을에 마음을 빼앗긴 것이 아닐까. 당시에는 의식하지 않았지만 지금 와서 생각하니 그렇다는 뜻이다.

꿈이나 목표는 자신에게 맞는 방법으로 추구하면 된다. 다만 지나치게 의식적으로 비전을 정해버리면 오히려 이에 얽매이는 경우도 있음을 주의해야 한다. '이렇게 오랫동안 꿈을 향해 노력해왔으니까'라는 생각으로 꿈이나 목표에서 헤어 나올 수 없게 될 수도 있다. 결국 아무런 성과를 내지 못한 채 목표에 끌려가는 상황을 맞이하게 된다.

그렇다면 꿈과 목표가 매몰비용이 되지 않게 하는 단순하고 강력한 방법은 무엇일까? 바로 꿈이나 목표를 세우는 일에 힘을 쏟기보다는 그저 '내가 하고 싶은 일, 좋아하는 일, 열정적으로 할 수 있는 일'에 모든 힘을 집중하는 것이다. 온 힘을 다해서 하다 보면 후회나 열등감도 줄어든다. 그리고 만약 꿈과 목표가 이루어지지 않더라도 그때까지 온 힘을 다해 해왔던 일을 다른 방식으로 활용할 수 있다.

때려치우기의 기술

한 가지에만 매달리는 것은 가성비 최악

문화·예술 분야에서 꿈과 목표가 갖는 의미는 유독 크다. 가수나 배우 등 연예인으로서 성공하기까지 몇 년이고 무명 생활을 버텨야 하는 경우도 많다. 이 중에는 꿈을 포기할 수 없어 40대 중반까지 아르바이트로 생계를 꾸리며 연예인으로서 성공하겠다는 꿈을 좇는 사람도 있다. 물론 뒤늦게 재능이 꽃필 수도 있고 인생은 어떻게 흘러갈지 아무도 모르기 때문에 이러한 결정이 무조건 잘못되었다고 단정지을 수 없다. 그렇지만 합리적인 선택은 아니다. 생계를 위해 장시간 아르바이트를 하다 보면 정작 중요한 아이디어 회의나 연기 연습 등에 만족할 만큼 충분한 시간을 투자할 수 없기 때문이다. 꿈과 목표가 매몰비용이 되어버리면 꿈을 좇는 과정에서 무언가를 배우거나 실력을 키울 수 없게 된다. 자기보다 나중에 데뷔한 사람이 더 큰 인기를 얻는 일도 흔한 세계에서 만약 질투라는 감정까지 품게 되면 엄청나게 불행해진다.

나는 처음 정했던 꿈과 목표를 이루지 못해 다른 길을 찾는 것이 꿈과 목표를 포기한 것이라고 생각하지 않는다. 그저 방향을 전환한 것뿐이다. 어떤 분야에서도 꿈과 목표를 위해 노력했지만 이루지 못하는 사람은 있다. 이럴 때는 우선 재정비하고 다시 돌아오면 된다.

꼭 하나의 방식만 고집할 필요는 없다는 말도 꿈을 이루기 위해 노력하는 사람들에게 해주고 싶은 말이다. 예술 분야에서만큼은 밑바닥에서부터 경험을 쌓는 시간이 중요하다고 생각할 수도 있지만 이를 타인이 강요해서는 안 된다. 이는 다른 업계에도 동일하게 적용되는 이야기인데 하나의 커리어 패스career path만 고집하면 가성비가 나빠진다. 그보다는 혼자서 다양한 일을 해낼 수 있을 때 더 빨리 꿈과 목표를 향해 나아갈 수 있다. 매몰비용이 된 꿈과 목표를 한번 정리하고 선택지를 늘려야 한다.

포기한 것이 아니라 업그레이드한 것이라고 생각을 바꾸기만 하면 된다. 지금까지 꿈과 목표를 좇았던 경험은 분명 다른 곳에 활용할 수 있다. 나도 엔지니어가 되겠다는 목표만 고집했다면 지금의 경력을 쌓지 못했으리라 생각한다. 더불어 내가 지금의 커리어를 구축하는 데에 엔지니어로 일했던 경험이 큰 도움이 되었음은 물론이다.

때려치우기 기술 ②

후회의 기준은 내가 정하기 나름

꿈이나 목표의 방향을 전환하고 업그레이드할 때 도움이 되는 판단 기준이 있다. 바로 '후회할지 아닐지'를 기준으로 삼고 결정을 내리는 것이다. 지속했을 때 후회할 것 같다면 그만둔다. 반대로 하지 않았을 때 후회할 것 같다면 계속 한다. 매우 단순한 기준이다.

해봤는데 실패했다고 해서 후회할 필요는 없다. 반성하고 개선하면 된다. 순간적인 충동을 억누르지 못하고 한밤중에 라면을 먹은 뒤 다음 날 자책할 수 있다. 하지만 '그 라면은 정말 최고로 맛있었어!'라고 긍정적으로 받아들이면 후회가 남지 않는다. 분명 잘못된 생활 습관이기는 하지만 밤에 먹은 라면 한 그릇만큼 인생의 만족도가 높아졌다고 생각하면 좋지 않을까.

내가 내 감정에 솔직하게 살아갈 수 있게 된 것도 후회하지 않기로 한 뒤부터다. 예전에는 완벽주의 성향 때문에 실수라도 하는 날에는 엄청나게 침울해했다. 일이 잘 풀리지 않았을 때를 다시 생각해보면 후회하는 일을 줄이고 나서 확실히 인생이 다채로워지고 삶의 만족도가 높아졌음을 알 수 있다. 일이 잘 풀리지 않았다고 해도 후회하는 것이 아니라, 반성하고 실패를 통해 배우면 된다고 생각했다. 후회가 줄어들면 가성비도 좋아진다. 일단 과거의 일은 빨리 털어내고 다음 단계로 나아갈 수 있으니 언제까지나 과거에 갇혀 지내는 일도 사라진다.

꿈과 목표 이야기로 다시 돌아가 보면, 물론 하나의 꿈만을 열심히 좇는 것도 방법일 수 있다. 조금 더 명확히 말하자면 그렇게 하고 후회하지 않으면 된다. 결과적으로 꿈을 이루지 못하더라도 '나의 인생은 최고였어!'라는 생각이 들면 성공이다. 그렇지 않고 현재 답답한 마음이 들고 이대로는 안 되겠다는 생각을 하고 있다면 바로 지금이 스스로를 업그레이드할 절호의 기회다.

지금처럼 앞만 보고 달려가다가 죽음을 맞이했을 때 후회할지 상상해보라. 물론 조금이라도 후회할 것 같다고 해서 지금까지 해왔던 일들을 부정할 필요는 없다. 대신 더 잘 활용할 수 있는 일이 없을까 생각하면서 새로운 길을 찾아야 한다. 오랫동안 품고 있던 꿈이나 목표에서 크게 방향을 틀어야 할 시기다.

때려치우기 기술 ③

재능은 수많은 가능성 중 하나에 불과하다, 집착하지 마라!

꿈이나 목표를 달성할 때 재능은 어떤 역할을 할까? 재능이라는 말에는 처음부터 내가 잘하는 일 또는 나의 성격과 잘 맞는 일 등 다양한 의미가 포함된다. 내가 보기에 '재능이 있다'라는 말은 대부분 단순히 매칭의 문제라고 생각한다. 물론 이 세상에는 천재라고 불리는 사람도 있고, 이 경우 재능이 매우 중요한 요소처럼 보이기도 한다. 하지만 그 재능도 결국 우연에 좌우되는 것이 사실이다.

예를 들어 태어나서 자란 나라나 환경이 다르면 같은 재능을 가지고 있다 하더라도 활용하는 방식에서 큰 차이가 발생한다. 비슷한 환경이라 가정하고 비교해도, 그 재능이 어떤 행동이나 업무 성과로 이어지는지 자각하지 못하거나 주변에 알려줄 사람이 없어 스스로 재능을 깨닫지 못하고 충분히 발휘하지 못하는 경우도 있다.

조금 더 자세히 말하면 재능과 하고 싶은 일이 아무런 연관성이 없다면 아무리 재능 있는 일이라도 그저 누가 시켜서 하는 수동적인 행위가 되어버린다. 재능과 하고 싶은 일이 일치한다면 행복하겠지만 실제로 그런 경우는 매우 드물다.

누군가에게 어떤 일에 재능이 있다는 말을 여러 번 들었다고 해도 그 일이 내가 하고 싶은 일이 아니라면 주변 사람들의 평가에 신경 쓸 필요가 없다. 어릴 때 사람들 앞에서 노래를 부를 때마다 잘한다는 칭찬을 듣고 가수에 도전해보라는 권유를 받았던 사람이라도 자신이 사람들 앞에서 노래를 부르고 싶지 않다면 그 길을 가지 않는다고 해서 아쉬움이 남지 않는다. 가수에 도전하지 않았던 사실을 후회할 일도 없다. 그런 관점에서 보면 결국 무엇보다 중요한 것은 내가 하고 싶은 일을 스스로 찾는 일이다.

나 역시 어딘가에 재능이 있었겠지만 자라면서 거의 신경 쓰지 않았다. 글을 그럭저럭 잘 쓴다고 생각하지만 재능은 또 다른 문제다. 글을 쓸 기회를 얻었으니 열심히 하고 있을 뿐 글쓰기에 특별히 재능이 있다고 생각하지 않는 것이다. 기회가 주어졌으니까 열심히 할 뿐이다. 물론 나에게 잘 맞는 일일 수도 있다. 하지만 글을 쓰는 데 재능이 있다는 말에 전혀 흔들리지 않는다. 오히려 그 행위를 하는 과정이나 결과의 질에 더 중점을 둔다. 내가 재능이 의외로 큰 의미가 없다고 느끼는 이유는 지금 '사람들이 나에게 원하는 일'이 '내가 하고 싶은 일'과 일치하기 때문일 테다. 나는 무엇보다 내가 이룬 성과로 사람들이 행복해지기를 바란다. 이것이 내가 원하는 세계관이고 근본적으로 하고 싶은 일이다. 글을 쓰는 일도 이러한 목표를 이루기 위해 하고 있는 것이다.

만약 누군가가 나에게 "당신은 회계에 재능이 있네요"라고 말을 한다고 해도 그 일을 해보고 싶다는 생각은 전혀 들지 않는다. 회계는 내가 잘하지 못하는 일이니 그런 말을 하는 사람이 없을 것이라는 사실을 차치하고서라도, 내가 하고 싶은 일이 아니기 때문에 내가 그 일을 맡을 일도 없다.

결국 내가 하고 싶은 말은 자신의 재능에 너무 집착할 필요는 없다는 것이다. "너는 이런 일이 잘 맞는 것 같아", "이거 한번 해봐!"라는 말은 누구나 한 번쯤 해봤고 들어봤을 것이다. 하지만 나는 내가 가진 어떤 재능에 대해 좋은 평가를 받았고 그 일을 비교적 잘하더라도 거기에 매몰되지 않고 '내가 하고 싶은 일'을 판단 기준으로 삼아야 후회하지 않는 행복한 인생을 사는 데에 도움이 된다고 확신한다.

4장

때려치우기를 통한 궁극의 결과: 내가 바라는 나로 가볍고 행복하게 살기

꾸준함이라는 강박에서
벗어난다면

지금까지 당연하게 계속해왔던 사고나 행동이 매몰비용이 되지 않기 위해 '그만두는 일'이 얼마나 중요한지에 관해 이야기했다. 내가 거듭 전달하고자 한 메시지는 과거의 자신이나 타인이 정한 기준에 따라 자신의 가치관을 바꿀 필요가 전혀 없다는 것이다. 누군가가 "힘들게 ○○ 했으니까 조금 더 해봐"와 같은 말을 했다고 해서 아무런 고민 없이 그 일에 자신의 시간을 사용하지 않도록 주의해야 한다.

그 외에도 '언젠가 또 입을지 몰라', '언젠가 도움이 될 거야'라고 생각하며 버리지 못하는 물건이 있다면 그 언젠가는 대부분 오지 않을 것임을 알아야 한다. 언제 올지도 모르는 상황을 기대하며 기다리기보다는 '지금' 움직여야 한다. 만약 바로 행동으로 옮기기 힘들다면 '지금은 잠깐 놔두자'라고 마음을 편하게 먹고 잠깐 쉬어도 좋다.

사실 나 역시 내 의지로 시작한 일을 잘 그만두지 못하는 사람이었다. 잠깐 해본 뒤 그만둔 경험이 지금까지 거의 없었다. 언뜻 훌륭하다고 생각할 수도 있지만 동시에 나의 고집이나 성공 경험에 매몰될 위험도 있다. 그래서 나는 '지금 쉬고 있는 상태'인 것들을 늘렸다.

나는 현재 꾸준히 하던 다도茶道를 잠시 쉬고 있다. 하지만 차를 따를 때의 동작 등 다도 지식은 머릿속에 여전히 남아 있고 도구도 갖추어져 있으니 언제든 다시 시작할 수 있다고 생각한다. 게다가 차를 준비하는 행위 자체는 일상적인 행동이므로 평소 다도의 본질을 흉내 내면서 차를 준비하고 마시는 일도 가능하다. 이런 관점에서는 내가 여전히 다도를 계속하고 있다고도 말할 수 있다. 이처럼 '언젠가'라는 개념은 얼마든지 자의적으로 해석해도 된다.

그 외에도 가라테나 스키를 오랫동안 했지만 스키는 지난 3년 동안 전혀 타지 못했다. 3년 전 겨울에는 너무 바빴고 출장도 겹치는 바람에 시간이 나지 않았다. 그다음 해에는 개인적인 사정과 코로나19 확산으로 외출 자체가 힘들었다. 이렇게 스키를 한동안 타지 못하는 상황을 겪고 난 뒤 깨달은 사실은 스키를 타지 않는다고 무슨 일이 생기지 않는다는 점이다. 여느 때처럼 시간이 흘러 봄이 올 뿐이다. 스키도 상황이 맞을 때 다시 시작하면 된다고 편하게 생각하게 되었다.

스키 지도 강사는 2년에 한 번 꼭 연수를 받아야 자격이 유지되는데 자격만 유지하는 일은 나에게 그다지 가치가 없었다. 힘들게 딴 자격증이니 효력이 사라지면 아쉽다고 느낄 수도 있다. 하지만 나는 공인 단체의 그러한 방침에 동의하지도 않았을뿐더러 그런 일에 내 시간과 비용을 들이는 일이 가장 쓸데없다고 생각했다. 지금 시점에서 내 가치관과 맞지 않는다면 전혀 아까울 것도 없다.

무슨 일을 "꾸준히 하기가 힘들어", "석 달만 지나도 싫증이 나"라며 고민하는 사람이 많은데 그럴 때는 '지속하다'라는 말의 정의를 자유롭게 바꾸면 된다. 1년에 한 번씩 10년 동안 하면 그것도 지속하고 있다고 생각할 수 있지 않을까?

매주 꾸준히 하는 것만이 '지속하다'라는 말의 정의는 아니다. 보이지 않는 상식이나 규칙에 얽매일 필요는 없다. 스스로 지속하고 있다고 여기고 "나는 아직 그만두지 않았어"라고 말할 수 있다면 지속하는 것이라고 봐도 된다. 무엇을 해도 꾸준히 하지 못한다고 자책하거나 괴로워하지 말고 지금은 일시 정지 상태라고 생각을 바꾸는 것이다. 언제든 다시 바뀌어도 상관없다. 그냥 내가 지금 끌리는 일에 집중하며 살면 된다.

'지금 내 가치관으로는 이 일이 끌려!'라고 느낀다면 그것을 하면 되고 바뀌면 바뀌는 대로 따라가라. 답은 하나가 아니다. 기존의 가치관이나 '이렇게 해야 한다'라는 규칙에 얽매이지 말고 많은 사람이 더 자유롭게 자신만의 기준에 따라 살아갔으면 한다.

지금 나는
'멍때리기'를 할 때 가장 행복하다.
당신의 행복은?

'무언가를 하고 싶다', '나를 바꾸고 싶다'라고 생각하면서도 다른 사람이 정한 상식이나 관념에 영향을 받아 스스로를 옭아매는 사람이 많다. 나는 미래 시대에 중요한 행동 원리가 가장 행복하다고 느끼는 곳에 스스로 머무르는 것이라고 본다.

앞서 소개했던 바닷가 사무실에 가면 나는 거의 아무 일도 하지 않고 시간을 보낸다. 요리해서 끼니를 때우고 바닷가를 산책하고 책을 읽는 정도다. 한동안 그곳에서 지낼 때는 온라인으로 일을 하기도 했지만 대개는 그냥 아무것도 하지 않고 지낸다. 조용한 시골에서 멍하니 시간을 보낼 뿐이다. 넓은 하늘이 보이고 소음이 적은 데다 바다에 가면 갈매기와 물떼새밖에 없는 곳이라 생산성 면에서는 효율이 높지 않을 수도 있다. 하지만 나의 마음은 행복하다.

오해하는 사람이 많은데 그 집은 별장이라고 할 만큼 으리으리하지 않다. 지은 지 십수 년이 된 어디서나 흔히 볼 수 있는 허름한 주택이다. 엄청난 시골이라 땅값도 상당히 저렴해서 약간의 여유 자금만 있으면 많은 사람이 나와 같은 선택을 할 수 있다.

그러니까 내가 하고 싶은 말은 '가장 행복한 곳에 있겠다'라고 마음먹으면 충분히 실현 가능한 일이라는 말이다. 모두 개인의 선택이다. 나는 그곳에서 보내는 시간이 행복했기 때문에 그러한 선택을 했다. 행복해질 수 있는 선택지를 하나라도 늘리고 스스로 선택하는 일이 앞으로의 시대에는 매우 중요한 행동이 될 것이다.

그렇다면 왜 나는 그런 생각을 하게 되었을까? 앞에서 야마구치 슈의 질문으로도 언급했지만 최근 몇 년 동안 여러 사람과 이야기하면서 삶에는 다양한 선택지가 있다는 사실을 깨달았기 때문이다. 여러 번 언급한 현재 소속된 조직의 평가만이 아니라 외부의 평가도 필요하다는 말과도 연결되어 있다. 세상에는 여러 가치관이 있다. 중요한 것은 학력이나 직책, 소속 기업이 아니다. '내가 하고 싶은 일'이나 '내가 원하는 대로 사는 일'이 무엇보다 중요하다는 사실을 최근 몇 년 사이에 뼈저리게 느꼈다.

그래서 '지금 나는 무엇을 원하는가?'에 대해 고민하기 시작했고 바다 근처에서 지내면 좋을 것이라는 결론을 내렸다. 비전을 명확하게 설정하지는 않았고 그저 막연하게 생각했다. 어렸을 때 읽은 소설의 영향이 있었을 테고 막연한 감각, 무의식 속의 감정 등이 복합적으로 작용해 이러한 선택을 하게 됐다. 막연하게나마 바다 근처에서 지내는 것이 내 인생에서 중요한 주제일 것이라고 느꼈고 실제로 가보았더니 역시 그랬다. 결국 언제나 가장 행복을 느끼는 곳에 머물러야 한다는 생각을 하고 있으면 나만의 행복을 찾아가기 위한 직감도 더 날카로워지는 것일지도 모른다.

멋진 롤모델은
삶의 새로운 원동력

누군가를 '선망하는 마음'도 나의 행복을 찾는 데에 도움이 된다. 나는 오래전부터 빠르게 결심하고 자유롭게 움직이는 사람들을 늘 멋지다고 생각했다. 그저 한 장소에만 머무르지 않고 여러 곳을 돌아다니며 다양한 체험을 하는 사람들을 보며 동경했었다.

내 지인 중에 마에다 히로前田ヒロ라는 벤처 캐피털리스트가 있다. 그는 지금 30대 중반인데 20대에 〈포브스Forbes〉에서

선정하는 '아시아 30세 이하 리더'에 뽑히는 등 세계 무대에서 활약하고 있다. 머리가 비상하지만 전혀 잘난 척하지 않고 외향적이면서 유머 감각도 뛰어나다. 그는 일주일은 미국에서 지내고 그다음 주는 싱가포르, 또 다음 주는 인도에서 보내는 등 매주 다른 나라에서 머무르며 스타트업 경영자들을 만나고 필요할 때 투자도 한다. 그는 이러한 생활을 오랫동안 유지하고 있다. 나이는 나보다 훨씬 어리지만 그렇게 자유롭게 다니는 그의 모습을 보며 나는 항상 '정말 멋있다!'라고 감탄하곤 했다.

그러던 어느 날 도쿄에서 마에다 씨를 우연히 만났다. 외국에서 대부분의 시간을 보내는 그가 내 눈앞에서 택시를 잡으려는 그 상황이 엄청난 확률이라고 생각했기 때문에 나는 주저 없이 그에게 말을 걸었다. 그러곤 길에 서서 5분 정도 이야기를 나누었다.

그 우연한 만남 전에 마에다 씨와 나는 오키나와의 차세대 지도자를 발굴하는 프로젝트인 류큐프로그스Ryukyufrogs에 멘토로 참여해 처음 알게 된 사이였다. 마침 그날 길에서 우연히 만났을 때 다음 모임이 얼마 남지 않았던 시기였기에 "이번에 오키나와 가세요?"라고 물었더니 그는 "요즘 좀 바빠서 고민하는 중이에요"라고 답했다. 그날 우리는 다음 모임에 참석하게 된다면 또 보자는 인사를 나누고 헤어졌다.

그리고 그 모임에서 그를 다시 만났다. "다행히 시간이 났나 보네요" 하며 반가운 마음을 전하자 그는 이렇게 대답했다. "얼마 전에 정말 우연히 사와 씨를 마주친 뒤 이 모임에 꼭 참여해야 할 것 같은 생각이 들어 일정을 조정했어요."

이 말을 듣고 나는 다시 한번 멋지다고 감탄할 수밖에 없었다. 여러 국가에 거점을 두고 바쁘게 일하는 사람인데다 나 말고도 정말 많은 지인이 있을텐데 우연한 만남을 이유로 다음 일정을 선택하다니! 그러한 자유롭고 결단력 있는 모습을 나는 계속 선망해왔다.

물론 한곳에서만 정착해서 지내는 생활이 잘못됐다는 의미는 아니다. 하지만 여러 장소에서 생활하며 다양한 공동체에 소속되는 경험이 인생을 더 다채롭게 만드는 데 보탬이 된다고 생각한다. 게다가 지금은 팬데믹으로 인해 자유롭게 이동을 하지 못하는 상황이다. 이러한 시대에 미리 여러 곳에 거점을 마련해두면 매몰비용이 늘어나는 것을 막고 더 자유롭게 활동할 수 있다.

나의 직감은 물론이고 누군가를 선망하는 마음, 이상적이라고 생각하는 자신의 모습이 이끄는 곳으로 용기를 내 따라가길 바란다. 일단 그렇게 움직이다 보면 시야가 넓어지고 생각도 크게 변한다. 자신을 틀에 가두고 한계를 미리 정해 버리는 사고를 확실하게 피할 수 있게 된다. 그리고 스스로 인생의 방향을 선택하고 있다는 자신감도 생긴다. 실패하든 성공하든 항상 스스로 자유롭게 결정하는 삶을 산다면 누구든 행복하게 살아갈 수 있으리라 믿는다.

타인의 평가는 의식적으로 멀리하라, 그것이 칭찬일수록 더욱!

나는 스스로 원하는 나의 모습으로 살아가기 위해 '다른 사람이 나를 어떻게 생각할까?' 하는 마음을 의식적으로 버리려고 노력했다. 내가 젊었을 때 마이크로소프트에서 큰 상을 받았다는 사실은 비교적 많은 사람에게 알려졌다. 이 상은 전 세계 마이크로소프트 직원 중에서 우수한 성적을 낸 사원에게 빌 게이츠의 이름으로 수여하는 의장상Chairman's Award으로, 일본법인 엔지니어 직종에서 수상한 사람은 내가 처음이었다. 이 상으로 내 인생의 새로운 길이 열린 것은 틀림없는 사실이다. 하지만 상이라는 것이 타인의 선택에 의한 성공 경험이고 어디까지나 나의 선택이 아니라는 점도 분명하다.

이 책을 읽는 독자 중에서도 일을 하면서 뛰어난 실적을 이루거나 좋은 상을 받은 사람이 있을 것이다. 하지만 이를 내 힘으로 얻은 성과라고 과신해서는 안 된다. 그것은 어디까지나 타인에 의해 주어진 것이고 운이 좋았을 뿐이다. 그 이상 그 이하도 아니기에 착각은 금물이다.

상은 어디까지나 타인의 잣대로 높은 평가를 받았다는 의미이고 타인에게 인정받았다는 증표다. 그 자체를 자랑스럽게 생각해도 되지만 상에 자신의 프라이드를 투영하게 되면 실수의 불씨가 되기 쉽다. 다른 사람보다 자신이 더 위에 있다고 생각하며 그 증거로 상이나 실적을 내밀기 시작하면 나중에는 이를 언급하지 않고서는 살아갈 수 없는 지경에 이른다. 정말 무서운 심리적 매몰비용이다. 이러한 것들에 의존할수록 우리는 자유로운 사고와 행동에서 멀어지며 결국엔 왜곡된 가치관에 휘둘리게 된다.

나는 상을 탄 직후 자발적으로 요청해 직무를 바꾸었다. 상을 타기 전과 같은 분야에서 일하고 싶지 않았기 때문이다. 당시 나의 상사 역시 나에게 비슷한 말을 해주었다. "과거의 자신을 절대 후배들에게 보여주지 마라." 나 역시 같은 생각을 하고 있었고 이를 진짜 언어로 표현해 알려주었다는 사실에 매우 감사한 마음이 들었다.

상을 받거나 큰 성과를 거둔 사람이 자신의 과거를 이용하거나 그러한 사실을 은연중에 내비치기 시작하면 결국에는 "나 때는 말이야……", "내가 한마디 하자면……", "이걸 내가 했으면 이렇게 했을 텐데"와 같은 말을 하게 된다. 결국 주변 사람들은 멀어지고 인심을 잃는다. 자신이 받은 상이나 노력을 통해 얻은 성과와 같은 과거를 드러내지 말라. 주변 사람들이 오히려 의식해서 행동하는 경우도 있기 때문에 스스로 더 조심하고 조금이라도 언급하지 않도록 해야 한다.

타인의 평가는 항상 동일하게 유지되지 않는다. 타인의 존재 자체도 변화하기 때문에 평가 또한 바뀔 여지가 있다. 언제든 바뀔 수 있는 것에 의지하며 이리저리 휘둘릴 필요는 없다. 그것보다는 '나는 10년 후에는 어떻게 되어 있을까?'와 같은 생각을 하는 편이 훨씬 더 생산적이고 현명하다. 어학 공부를 해도 좋고 근육을 단련하는 등 운동을 시작해도 좋다. 세련된 외모를 위해 노력해도 좋다. 자신이 통제할 수 있는 일들에 집중하고 자신을 갈고닦으며 내면부터 바꾸어야 한다. 세계적으로 인정받았다고 하더라도 그런 타인의 기준에 지나치게 집중하기보다는 내가 원하는 나의 모습에 더 가까워지기 위해 노력해야 한다.

일은 그저 수단일 뿐이다

아마 이 글을 읽고 있는 독자 중에도 이직이나 독립을 생각하는 사람이 있을 것이다. 하지만 지금까지 자신이 소속된 회사의 논리로만 움직였던 사람이라면 퇴사한 뒤에도 힘든 현실이 기다리고 있음을 명심해야 한다. 특정 가치관 속에서만 생활하는 것과 다양한 가치관을 존중하고 수평적인 관계 속에서 살아가는 것은 완전히 다른 일이다.

가치를 측정하는 방법은 국가나 문화, 조직에 따라 완전히 다르다. 남성의 외모를 판단하는 기준만 보더라도 근육이 탄탄하고 단련된 육체를 아름답다고 생각하는 문화가 있는가 하면, 살집이 있고 배가 나온 아저씨 체형을 더 남자답다고 생각하는 문화도 있을 수 있다. 때와 장소에 따라 가치관은 달라진다. 이러한 차이가 있을 수 있다는 사실을 아는 것이 매우 중요하다.

가치관이라는 것은 의외로 그렇게 복잡하지 않다. 조직에 속해 있더라도 평소에 자신과 다른 가치관을 가진 사람들과 일상적으로 교류를 한다면 서로를 쉽게 이해할 수 있다. 그래서 조직에 있을 때부터 다양한 가치관을 가진 회사 사람들을 많이 만나고 가능하면 함께 활동하기를 추천한다. 그러면서 조금씩 존재감을 발휘한다면 나중에는 'A사의 누구'라고만 인식되는 일은 없어진다. 그렇게 되면 이직을 해도 퇴사를 해도 큰 문제 없이 적응할 수 있다.

나 역시 더 이상 마이크로소프트사의 업무 집행 임원이라는 수식어로 나를 소개하는 사람이 없어졌다. 누구도 나를 소개할 때 소속이나 직함을 정확하게 소개하지 않는다. 이런 식으로 내가 정의되기를 바라고 있었기 때문에 오히려 기쁘다.

법인 등록을 하긴 했지만 나는 개인적으로 회사를 세웠다고 생각하지는 않는다. 애초에 조직에 소속되지 않고 사람을 돕는 일에 더 많은 시간을 쓰고 싶어서 한 일이기 때문이다. 이렇게 생각하면 조직에 속하든 속하지 않든 왜 일을 해야 하는지 하나의 결론에 다다르게 된다. 바로 '내가 원하는 나'가 되기 위해 일을 한다는 것이다.

칭찬은 확실히
고래를 춤추게 한다

내가 원하는 내 모습에 가까워지기 위해서는 선택지가 무한하다는 사실을 항상 의식해야 한다. 내가 다다르지 못하는 이유는 하지 않았기 때문이다. 또는 여러 번 실패하면서 자신감을 잃었을 뿐이다. 열등감을 안고 있으면 무슨 일을 시작할 때 공포심이 앞서게 돼 원하는 내 모습에 가까워질 수 없다.

그런 경험이 있는 사람은 우선 자신을 칭찬해주는 사람을 찾아야 한다. 주변에 "좋아!", "대단한데?"라고 말해주는 사람이 많이 있다면 열등감을 없애는 데에 도움이 된다. 그러한 사람들을 곁에 두고 싶다면 나 역시 타인의 좋은 점을 찾아 칭찬해야 한다. 그러면 사람들도 다가와 줄 것이다.

우선 다른 사람들을 적극적으로 칭찬해보자. "좋아. 대단한데?", "너 정말 멋지다" 이런 칭찬을 들은 사람들은 '이 사람, 나를 이렇게 긍정적으로 평가해주는구나'라는 생각을 하게 되고 자연스럽게 내 주변에 사람들이 모인다. 이상적으로는 서로 칭찬을 하는 분위기가 만들어지면서 모두가 행복해지고 나중에는 열등감을 느끼지 않고 행동할 수 있게 된다.

예전에 아내가 나를 이렇게 대했다. 사실 나는 오랫동안 열등감에 사로잡혀 있었다. 그때 아내가 나를 보고 '이 사람의 좋은 점을 계속 칭찬하면 어떻게 변할까?'라고 생각하며 실험을 했다고 한다. 그 결과 나는 매우 긍정적으로 바뀌었다. 그래서 이 방법은 효과가 있다고 확신할 수 있다(아직도 아내는 무슨 일이 있을 때마다 나를 칭찬해준다. 정말 감사한 마음이다). 열등감이라는 불편한 감정은 자신의 행동으로 얼마든지 바꿀 수 있다.

'비잉'을 위해서라면
'노잉'보다 '두잉'을

하버드 경영대학원에는 노잉Knowing, 지식, 두잉doing, 실천, 비잉 being, 내가 누군지 아는 일이라는 유명한 교육 방침이 있다.

과거에는 일단 '노잉'에 많은 비용(시간과 수고)이 들었다. 특정 지식에 대해 잘 아는 사람이나 그 정보를 얻기 위한 노하우를 알아내는 데도 큰 노력이 필요했다. 하지만 지금은 검색만 하면 불과 1초도 지나지 않아 원하는 지식을 손에 얻을 수 있다. 생선을 손질하는 방법을 알고 싶을 때 예전에는 요리 교실에 다니며 배워야 했지만 지금은 인터넷에 검색어를 입력하기만 하면 생선 손질법을 알려주는 동영상이 쏟아진다. 그 영상을 통해 칼질을 어떻게 해야 하는지, 생선 손질 난이도가 어떤지 확인할 수 있다.

노잉의 비용이 극적으로 줄어들었고 마음만 먹으면 무엇이든 할 수 있는 시대가 되었다. 게다가 고액의 투자를 하지 않더라도 공유를 통해 여러 가지를 손에 넣을 수 있다. 온라인 사이트에서 상품을 주문하면 바로 다음 날 원하는 물건이 도착하기도 한다.

이렇듯 노잉의 비용이 줄어들면서 '두잉'의 비용 역시 크게 줄어들었다. 내가 원하는 내 모습이 무엇일까 고민하고 비전을 정해 시행착오를 겪으며 '두잉'하기만 하면 되는 시대가 되었다. 이처럼 다양한 실천을 할 수 있게 되었지만 그렇다고 반드시 많은 두잉을 해야 하는 것은 아니다. 한 가지 일에만 집중하고 싶다면 그래도 상관없다. 그것이 내가 바라는 나의 모습이라면 그렇게 살아가면 된다. 만약 그것이 정말 하고 싶은 일이라면 지금 시대에 적합한지 아닌지와 같은 문제는 큰 의미가 없다.

자유로운 선택을 통해 얼마든지 내가 원하는 내 모습에

조금씩 가까워질 수 있는 시대가 되었다. 비잉에 도달하기 위한 노잉과 두잉의 문턱이 점점 더 낮아지고 있다는 의미다. 우선은 타석에 서야 한다. 오롯이 나를 위한 두잉이 아닌 다른 사람의 생각이나 상식, 시대 분위기를 신경 쓰다 보면 오히려 힘들어질 수 있다. 내가 어떻게 살아가고 싶은지가 가장 중요하다. 정말로 내가 하고 싶은 것은 무엇일까? 내가 원하는 내 모습을 바라보며 인생의 길을 하나씩 스스로 선택해나가야 한다.

지금 하고 싶은 일에 집중하라

내가 늘 마음속에 품고 있는 말은 '지금 하고 싶은 일에 집중하자'이다. 지금 내 눈앞의 풍경이 5년 후, 10년 후에도 계속 동일한 상태는 아닐 것이라 생각하기 때문이다. 너무 당연해서 새삼스럽게 말할 필요가 없을지도 모르지만 많은 사람이 스스로 인식하지 못하는 사이 꿈과 목표, 사업 계획 등 미래의 일에 묶여 있는 상태다.

나는 지금까지 새해 목표를 세운 적이 없다. 목표를 정해서 역으로 시간 계산을 하고 촘촘하게 계획을 세우는 사람을 부정할 생각은 없지만 가끔 이런 생각을 할 때가 있다. '5년 전에 명확한 목표나 길을 정했던 사람은 지금 세상을 어떻게 보고 있을까?' 아마 그들이 예상했던 것과는 완전히 다른 세계가 눈앞에 펼쳐져 있을 것이다. 5년 후에 전 세계를 무대로 활약하는 인재가 되겠다는 목표를 세웠던 사람도 지금의 팬데믹으로 인해 자유롭게 해외를 오갈 수 없는 상황일 것이다. 이렇게 보면 목표나 계획이 그다지 도움이 안 될 수도 있다.

조금 더 유연한 접근법은 계획이란 언제든 바뀔 수 있다고 생각하는 것이다. 한번 설정한 목표는 반드시 달성해야 한다고 믿고 그저 앞만 보며 달리다보면 그 일을 해내는 것 자체가 목적이 되어버린다.

'오늘은 다시 돌아오지 않는다', '지금 이 순간을 살자'와 같이 자극적인 표현을 쓰고 싶지는 않다. 다만 나는 이렇게 질문하고 싶다. "지금 하고 싶은 일이 있는데 5년 후를 위해 참으면서 보내는 하루하루가 즐겁나요?" 5년 후에 '그때 그렇게 할걸' 하고 후회할 바에야 지금 이 순간을 즐기는 편이 낫지 않을까? 지금 하고 싶은 일에 집중해서 살아가려면 일단 해보고 나서 생각해야 한다.

많은 사람이 시작하기도 전에 여러 고민을 하고 마음대로 결론짓고 포기해버린다. 중요한 것은 '어떻게 하느냐'다. 우선 시작하고 시행착오를 겪다 보면 대부분 가장 좋은 결론에 다다르게 된다. 실제로 내가 바닷가에 살기로 한 것도 그때 그 일이 하고 싶었기 때문이지 특별한 이유가 있었던 것은 아니다. 쇠뿔도 단김에 빼랬다고 일단 지금과는 다른 장소에서 1주일 정도 집을 빌려 살아보기도 했다.

자세한 설명은 다 할 수 없지만 그때 다양한 문제들이 발생했다. 덕분에 바닷가에 살면 어떤 문제가 일어날 수 있는지, 어떤 장소를 선택해야 하는지와 같은 중요한 깨달음을 얻을 수 있었다. 그 후에도 부동산과 관련해 예상치 못한 수많은 일들이 벌어졌지만 그러한 시행착오를 거친 끝에 지금의 집을 구할 수 있었다. 지금 내가 하고 싶은 일에 솔직해지면 의외로 최고에 가까운 방법을 찾는 경우가 많다. 이러한 사실을 많은 사람에게도 알려주고 싶다.

타인에 대한 일관성 있는 태도는
나의 인생도 빛나게 한다

지금 내 도쿄 사무실을 구하는 과정에도 재미있는 에피소드가 있다. 내 사무실은 집에서도 꽤 가깝고 초역세권인 곳에 위치해 있는데 이는 친한 부동산 중개업자 덕에 가능했다. 친하다고 하긴 했지만 무슨 의도가 있어서 시작된 인연은 아니다. 수년 전에 강아지를 산책시키다가 우연히 만난 사이일 뿐이다. 집을 구할 때 문득 '아 그때 그 사람, 부동산을 한다고 했었지!' 하고 떠올랐고 "기억하시나요? 그때 강아지들

데리고 함께 산책했던 사람입니다"라고 연락했더니 "물론 기억하고 있죠"라는 답이 돌아왔다. 그리고 나를 잘 알고 있으니 아직 어디에도 매물로 올라와 있지 않은 물건이라도 잘 협상해보겠다고 말해주었다.

이런 이야기를 하면 사람들은 내가 운이 좋다고 답한다. 하지만 정말 아무런 사전 작업도 없었고 이해타산적으로 계산한 적도 없다. 다만 평소에 어떤 사람들을 만나도 편안하고 일관적인 태도로 대했을 뿐이다.

그런데 이러한 소통을 어려워하는 사람이 의외로 많은 듯하다. 내 주변 여성들의 이야기를 들어보면 여성 혼자 택시를 탈 경우 불쾌한 상황을 맞닥뜨리는 경우가 많다고 했다. 택시에 탑승한 순간 짜증스러운 목소리로 목적지를 물어보거나, 반대로 너무 친근하게 말을 거는 등 택시 기사가 남성 승객이라면 하지 않았을 법한 말과 행동을 한다는 것이다. 물론 이는 일부에 해당하는 이야기일 테지만, 이러한 상황이야말로 사람을 일관성 있는 태도로 대하지 않는 전형적인 사례라 할 수 있다.

상대가 외국인이라는 이유만으로 함부로 대하기도 한다. 내 친구 중에는 외모가 서양인에 더 가깝고 키가 엄청나게 큰 혼혈 친구가 여럿 있다. 모두 일본에서 태어나고 자랐지만 사람들은 아무 이유 없이 거만한 태도로 대하거나 반대로 지나치게 경계하는 경우도 있다고 한다. 편견과 선입견 탓인데 이 또한 일관성이 없는 태도다(이러한 상황은 전 세계에서 벌어지고 있다).

결론부터 말하면 사람을 대할 때 일관성이 없으면 좋지 않은 인상을 줄 수 있다. 이를 반대로 말하면 타인을 항상 똑같은 태도로 대한다면 적어도 문제가 발생할 일은 없다는 의미이기도 하다. 오히려 우연히 일어난 일이 좋은 방향으로 흘러갈 가능성이 커진다.

내 방식이 무조건 맞다는 말은 아니다. 이는 어디까지나 결과론이다. 나는 상대가 누구냐에 따라서 태도를 바꾸는 일이 번거롭게 느껴져 예전부터 누구를 만나더라도 항상 똑같은 태도로 대했다. 그래서 나이 지긋한 어르신들 중에는 나를 그리 좋아하지 않은 경우도 있었다. 어떤 분들은 '이 사람은 왜 (대기업에서 일하는 나에게) 더 깍듯하게 대하지 않지?'라는 생각을 노골적으로 드러내기도 했다. 하지만 나에게는 그럴만한 이유가 없었을 뿐이다.

일관성 있는 소통은 내가 중요하게 생각하는 주체적인 개인으로 살아가는 일과도 연결된다. 다시금 강조하지만 개인으로서 주체적으로 살아간다는 말은 결코 사회 속에서 혼자 힘으로만 살아간다는 말이 아니다.

나는 2020년 8월에 《개인의 힘―하고 싶은 일을 마음껏 하는 뉴노멀 시대의 일하기》라는 책을 썼다. 그 책에서 나는 '개인의 힘'이란 다양한 사람들과 서로 협력하며 즐겁게 살아가는 힘이라고 정의했다. 그리고 그러한 개인의 힘을 키우는 과정은 정말로 내가 원하는 내 모습을 찾아가는 과정 그 자체다. 모두가 하나의 주체로서 살아가고 서로 자유를 인정한다. 거만한 태도로 화내거나 짜증 내지도 않는다. 그렇다고 저자세로 사람들의 비위를 맞추라는 것이 아니라 모두가 서로 동등하게 대하고 존중하는 것이다. 의견이 다르다면 서로의 이야기를 충분히 듣고 이해하려고 노력하면 된다.

앞으로는 그런 태도가 주류가 될 것이라는 예감과 기대감이 있다. 지금의 내가 존재하는 것도 이러한 일관적인 태도를 계속 유지해온 결과다.

내 인생의
새로운 경험을 찾으라!

지금 세상은 급격하게 변하고 있다. 이럴 때일수록 우리는 각자 자기 인생에서 가장 새로운 일을 찾아야 한다. 무엇을 기준으로 삼느냐에 따라 새롭다는 정의는 모두 다르겠지만 나는 지금까지 해본 적 없는 새로운 체험을 더욱 적극적으로 찾으라는 의미라고 생각한다. 올해 나는 집이 해변에 있다는 장점을 활용해서 서핑에 도전하게 될지도 모른다(물론 도전하지 않을 수도 있다). 파도타기를 즐기는 사람은 아주 옛날에도 있었지만 나는 한 번도 해본 적이 없으니 나에게는 완전히 새로운 경험이다. 이렇게 자기 인생에서 '새로운 일'을 찾아 조금씩 즐기면 된다.

세상에 갓 등장한 기술이나 생각을 알아가는 것도 새로움을 추구하는 좋은 방법이다. 새롭다는 말은 아직 아무도 모른다는 의미인 만큼 희소가치가 높다. 그런 새로운 가치를 찾아내는 것도 새로움을 찾는 좋은 방법이 될 수 있다.

여러 가지를 조합한다는 관점에서 생각해도 지금 세상은 모든 것이 새로운 상태다. 팬데믹으로 인해 세계적으로 이동의 자유가 제한되었다. 이는 대다수가 처음 경험하는 상황이고 이러한 상황이 발생한 것이 그리 오래된 것도 아니다. 요컨대 '팬데믹(으로 인한 제약) × ○○'과 같은 조합을 생각하면 이는 생긴 지 얼마 되지 않은 새로운 체험이고 아이디어가 될 것이다. 이렇게 좋지 못한 상황에서도 열심히 고민하고 적극적으로 찾는다면 충분히 새로움을 추구할 수 있다.

자신이 통제할 수 없는 일에 아무리 의식을 집중해봐도 할 수 있는 일은 그다지 많지 않다. 자신이 통제할 수 있는 범위 내에서 다양한 시도를 해봐야 한다. 제약이 있는 상황 속에서 할 수 있는 다양한 일에 도전하면 된다. 그러다 하고 싶은 일을 발견하면 진지하고 적극적으로 도전하면 된다. 그것이 내 인생에서 가장 새로운 일을 찾아가는 일이다.

이 모든 것은 자신이 하나의 주체로서 살아가는 일과 일맥상통한다. 나를 비롯한 모두가 그 이상도 그 이하도 아니다. 상식이나 사회적인 통념, 현재 세상이 돌아가는 방식에 따른 사고방식은 모두 외부의 평가에 불과하다. 이보다는 내 생각을 관철하고 내가 원하는 내 모습이 되기 위해 끊임없이 실천하는 것이 더 중요하다.

지금의 어린 친구들에게

나라는 존재에 대해 진지하게 고민하는 동시에 일관성 있는 태도로 사람들을 대하다 보면 필연적으로 자신이 속한 사회에도 관심이 가게 마련이다. 나는 예전부터 "모든 일은 사회 공헌이다"라는 말을 자주 해왔다. 크게 마음먹어야만 사회 공헌을 할 수 있는 것이 아니다. 그냥 눈앞의 일을 열심히 하는 것만으로도 사회에 이바지할 수 있다.

현재 내가 지금 가장 중요하게 여기는 일은 바로 교육이다. 예전부터 류큐대학교 객원교수로 활동했으며 최근에는 새롭게 무사시노대학교에서도 강의를 맡게 되었다. 또 지방에서 강연 의뢰가 오면 중·고등학생들이 참여하는 기획을 부탁하는 등 가능한 한 감수성이 풍부한 연령대의 사람들을 만날 기회를 많이 만들고 있다. 그곳에서 내가 전하는 말은 학생 시절 나에게 해주고 싶은 말이기도 하다.

"인생에는 정답이 없습니다. 어떠한 삶을 살아도 괜찮아요. 부모나 학교로부터는 우려 섞인 시선을 받을 수도 있지만 내가 원하는 대로 살아도 됩니다."

어린 세대 사람들이 미래를 꿈꿀 때 획일적인 어른의 모습이 아니라 조금이라도 다양한 선택지를 고민할 수 있도록 나라도 여러 가지 길이 있다는 말을 해주고 싶기 때문이다.

이 세상은 본질적으로 불확실하지만 자연재해 등을 제외하면 평범한 사람들의 삶은 큰 변화가 일어나지 않은 시대다. 그래서 많은 사람이 세상에 대해 막연히 파악한 개념을 그대로 공유하고 있다. 하지만 이러한 개념은 팬데믹 상황으로 완전히 뒤집혔고 현재 본래의 불확실한 모습이 우리 눈앞에 적나라하게 펼쳐지고 있다. 하지만 변하지 않는 것도 있다. 내가 이곳에서 살고 있다는 사실은 절대 변하지 않는다.

앞으로 어디를 향해 나아갈 것인가. 세상의 큰 흐름에 휩쓸려 떠내려갈 것인가, 아니면 발버둥을 치든 난동을 부리든 해서 자신이 원하는 방향으로 나아갈 것인가. 모두 나의 선택에 달려있다. 내가 하고 싶은 일에 충실해야 하고 스스로 선택할 수 있어야 한다.

이를 위해서는 가장 먼저 '내 인생은 나의 것이며 내가 주체적으로 선택하는 것'이라는 가치관을 스스로 이해할 필요가 있다. 그리고 내가 그러한 선택을 하도록 허락해주어야 한다. '다른 사람들이 이상하게 생각하면 어떡하지?'와 같은 생각으로 스스로를 몰아세우지 말라는 의미다. 이를 통해 누구나 주체적으로 행복한 삶을 꾸려갈 수 있다.

하고 싶은 일을 해도 괜찮다, 그만두어도 괜찮다, 그러다 잠시 멈추어도 정말로 괜찮다

앞에서도 말했듯이 나는 바닷가 집에서 여유 있게 일을 하면서 조용하게 보내는 시간이 가장 행복하다. 정보량이 극단적으로 적은 공간에서 지내면서 사고가 단순해진 상태로 집중적으로 두잉하는 사이클을 반복한다. 그리고 내 나름의 비잉을 찾아낸다.

나는 누군가와 함께, 똑같은 일을, 같은 장소에 틀어박혀서 하는 것이 죽을 만큼 싫다. 그래서 그러한 선택을 하지 않아도 되는 상황이 가장 편안하다. 그리고 그럴 때가 나 자신이 누군지를 알 수 있는 이상적인 상태다. 재차 말하지만 지금은 두잉을 하나하나 실험해보기 좋은 시대다.

그런데 작은 도전을 꾸준히 시도하거나 소심하게라도 도전하라는 나의 메시지가 사람에 따라서는 버거울지도 모른다. 그럴 때는 긴장을 조금 늦추고 자신을 내려놓는 시간을 가질 필요가 있다.

사람들이 시끌벅적 모여 있는 사무실에 가서 일하기를 좋아하는 사람도 있고 그렇지 않은 사람도 있다. 그냥 내가 원하는 방식을 선택하면 된다. 다시 말하지만 주변에서 어떻게 행동하든 상관하지 않고 자신이 원하는 것을 스스로 선택하는 삶이 행복한 삶이다.

이제는 타인의 생각에 자신을 맞추는 행동을 때려치우라.

그만둔다는 선택을 많은 사람이 시도했으면 한다. 나는 이것이 모두가 행복해지는 방법이라 굳게 믿고 있다. 세상은 언제나 불확실하다. 그렇기 때문에 결국에는 나에게 집중해야 한다. 나는 계속해서 매몰비용을 주제로 많은 이야기를 했다. 이제는 이 책을 읽는 여러분도 '늘 해왔던 일이니까'라는 생각을 그만두어야 하지 않을까?

꾸준함은 중요하지만 그 앞에 '애써', '억지로', '별생각 없이'와 같은 말이 붙는 순간 그 의미는 완전히 달라진다. 과거 개근상을 중요하게 생각하는 문화에서는 감기에 걸리거나 무슨 일이 있어도 학교나 회사에 가는 것이 칭찬받아 마땅한 일이라고 여겨졌다. 하지만 팬데믹을 거친 세상에서 그러한 생각은 더없이 어리석은 일이다.

꾸준함의 힘은 나도 경험했기 때문에 그 위력에 대해서 충분히 알고 있다. 그렇다고 해서 내가 말하는 꾸준함이 결코 중단하지 말라는 의미는 아니다. 쉬어도 상관없다. 일단 한번 쉬면 이전 상태로 돌아가기까지 시간이 조금 걸릴지는 모른다. 하지만 그 회복기를 즐기는 일 역시 나의 의지로 가능한 일이다.

조직에 속해 있으면 아무래도 위에서 하는 말에 따라야 한다고 생각할 수 있다. 하지만 확실한 것은 상사가 하는 말이 무조건 다 정답은 아니라는 점이다. 지금까지 이어져온 상식이나 규칙, 성공 경험과 같이 자신이 노력해서 얻은 과거에서 빠져나오지 못한 채 매몰비용으로 스스로를 몰아넣고 있는 모습은 정말 안타깝기 그지없다. 나의 행복과 내가 바라는 내 모습에 집중하면서 자신의 속도에 맞춰 조금씩 나아가도 괜찮다.

때려치우라!
행복의 폭이 더욱 넓어질 것이다!

요즘 나는 내가 좋아하는 일이나 소중한 것과 함께 살아가기 위해 '넓다'라는 말을 항상 의식하며 생활하고 있다. 방이 넓다. 시야가 넓다. 올려다본 하늘이 넓다……. 이렇게 물리적으로 시야를 넓히는 것만으로도 사고가 더 자유로워진다는 것을 매일 체험하고 있다. 넓은 시야가 결과적으로 자신이 행복해지는 데에 중요한 요소라는 생각이 든다.

모두가 탁 트인 시골에 살아야 한다고 이야기하는 것이

아니다. 내가 속한 조직의 좁은 가치관 속에서만 생각하지 말고 가능한 한 외부의 시선으로 바라보아야 한다는 의미다. 그렇게 완전히 다른 관점으로 바라보면 어느새 넓어진 자신의 시야를 깨달을 수 있을 것이다.

내가 지금 머무는 도쿄의 집에는 물건을 많이 두지 않았다. 이렇게 집에서도 탁 트인 시야를 확보했다. 도시에는 정보가 넘쳐나기 때문에 사적인 시간에는 편하고 행복하게 지내려고 노력한다. 다양한 매몰비용에서 자신을 해방시키면 마음의 넓이도 얼마든지 커질 수 있다. 사람들을 모두 똑같이 대하면 인간관계도 훨씬 넓어진다.

항상 시야를 넓힌다는 생각으로 살아간다.
그리고 조금씩 그것을 구체적인 행동으로 옮긴다.

그렇게 천천히 걸어가다 보면 멋지고 의미 있는 시간과 경험이 기다리고 있을 것이다.

때려치우기의 기술

어디서나 당당하게 걷기

이 책을 읽어준 독자들에게 감사 인사를 전한다. 이 책을 쓰고 있는 지금, 가장 심각했던 시기에 비하면 나아지고 있지만 여전히 전 세계가 코로나19 팬데믹 상황에서 벗어나지 못하고 있다. 지금까지의 비즈니스 관행이나 모델은 말할 것도 없고 사회의 근본적인 구조나 개개인의 라이프스타일 역시 강제적으로 리셋되었다. 정답이 없는 세계로 나아가는 톱니바퀴가 움직이기 시작한 것이다.

이런 상황 속에서 현재 생활이나 미래에 대해 불안을 느끼는 사람도 많을 것이다. 실제로 힘든 상황에 처하거나 인생에서 큰 결단을 내린 사람도 있을 테다. 나는 이 책을 쓰면서 하루하루 열심히 일하며 일상을 살아가는 사람들이 인생을 근본적으로 변화시킬 수 있는 팁을 담으려 최선을 다했다.

그중에서도 매몰비용은 이 책의 중요한 키워드다. 이는 자신도 모르는 사이에 스스로를 짓누르고 노력을 무의미한 것으로 바꾸는 사고다. 고집하면 할수록 개미지옥처럼 상황을 더욱 악화시키는 행동이기도 하다. 그렇게 아무도 모르는 사이에 떠안게 되는 '인생의 매몰비용'을 없애기 위한 현명한 사고와 구체적인 방법을 제시하고자 했다.

자신에게 필요하지 않은 일을 '때려치운다'. 그러면 시야가 더 넓어진다. 시대가 아무리 바뀌어도 자신이 통제할 수 있는 중요한 일에 집중하면 스스로의 힘으로 인생을 개척할 수 있다. 그리고 내가 바라는 내 모습에 가까워진다. 모든 힘의 원천은 이미 내 안에 준비되어 있다.

그 누구의 평가도 중요하지 않다. 그저 단순하고 힘차게 자신이 원하는 길을 걸어가면 된다. 그 길 앞에 펼쳐져 있는 멋진 인생을 손에 넣길 바란다.

마지막으로 이 책을 출간하면서 부족한 나를 끝까지 지지해준 닛케이BP의 미야모토宮本, 항상 힘을 북돋우고 자신감

을 키워준 프로듀서 이와카와岩川, 나의 분신이 되어 멋지게
나의 말을 엮어준 작가 스지모토辻本, 그리고 가장 가까이에
서 날 지켜봐 준 아내에게 진심으로 감사하다.

2021년

사와 마도카